太一×ケンタロウ ★

男子ごはんの本

はじめに

この本は、『男子ごはん』であって
『男ごはん』ではありません。
僕とケンタロウさんに、
それほどの男っぽさはありません。
だから、ふんどし一丁で料理もしませんし、
日本海の荒波の前で料理を作ったり、
漁にも出ません。
もちろん、できあがり前に
和太鼓も叩きません。
普通のパンツを履き、
くだらない話をしながら料理を作り、
穏やかな波の前で料理に舌鼓を打つ。
それが『男子ごはん』です。
ここで紹介している料理は、
僕が美味しいと太鼓判を
押したものばかりです。

★

国分太一

太一×ケンタロウ
男子ごはんの本

『男子ごはん』は元々は
テレビ番組ですが、
こうして本にもなりました。
どうよ、太一くん、ほんとに本になったよ。
すごいよね。
テレビは何年出てても今もこれからも
ずっとアウェーだなあと思うけど、
本はホームです。
でも、この本はいつも作っている本とは
ぜんぜん違う。
レシピはきっちり出しているけど、
ただレシピだけの本じゃない。
テレビの『男子ごはん』そのままの
自由な空気漂う本。
だから日曜の昼
（東京では日曜昼に放送してます）
の気分で気楽に楽しんでください。
で、もちろん料理のできあがり前には
和太鼓を一発。
え？　叩かないの？　なんで？

★

ケンタロウ

目次 CONTENTS

太一×ケンタロウ 男子ごはんの本

ATTENTION

#038（2009年1月11日放送）は「総集編」のため、レシピ掲載はありません。

KENTARO'S POINT とは？
「ここを押さえれば絶対に美味しい料理が完成する！」とケンタロウが推奨する、目からうろこ（？）のポイント。
料理ビギナーから中上級者まで思わず納得の裏技満載なので、ぜひ参考にしてみてください。

TAICHI'S POINT とは？
同じく、国分太一によるレシピの推奨ポイント。
この他にも、レシピの中にはちょっとしたコツや情報を織り交ぜてお届けします。

材料表に記した分量は、１カップ＝200ml（cc）、大さじ１＝15ml（cc）、小さじ１＝５ml（cc）です。
書籍化にあたり、レシピの一部を改訂しています。

★

SPRING

男子ごはんの春。

春野菜と大好物のカレーを一緒に楽しめる一皿。自然からの

SPRING

001

春野菜のカレー

のらぼう菜の和え物2種

2008.04.20 OA

記念すべき放送第１回のメニューは、皆大好き、大定番のカレー！　風味豊かなトロトロのルウに春野菜のグリーンが鮮やかな、目にも美味しい一皿です。
一口ほおばった瞬間、「うめえっ！」と太一から絶賛の声が！「野菜のパリパリした食感がちゃんと残っていて、ソラマメの甘さとかもそのまま味わえるわけです」とのケンタロウの言葉に、大きくうなずく太一。「のらぼう（菜の和え物）とも合う！　こうやって、食感が味わえるカレーってそんなにないし、ほんとに新しく思えたんで、これはぜひやってもらいたいですね！」
カレーに添える季節の野菜は、アイディア次第で無限大。ぜひお好みでアレンジしてみてください！

photo by TAICHI

贈り物を、一番美味しい食べ方で「いただきます！」

春野菜のカレー

材料（4～5人分）

鶏もも肉：3枚（約750ｇ）
キャベツ：¼個
アスパラガス：１束
ソラマメ：１袋
にんじん：½本
玉ねぎ：１個
水：カレールウの表示量
カレールウ：10皿分
サラダ油、塩、こしょう：各適宜
温かいごはん：適宜

作り方

1 キャベツは一口大のザク切りにする。アスパラガスは根元を１㎝切り落として下⅓の皮をピーラーでむき、縦半分に切る。ソラマメはさやから出す。にんじんは薄い半月切りにする。玉ねぎは縦薄切りにする。鶏もも肉は一口大に切る。

2 鍋を熱してサラダ油大さじ１～２をひき、鶏もも肉を皮を下にして並べて強火で焼く。こんがり焼き目がついたら返し、玉ねぎを加えて全体を混ぜながら炒める。

3 玉ねぎが薄いきつね色になったら水を加え、沸いてきたら火を弱めてアクを取りながら３０分煮る。カレールウを溶き入れて、たまに混ぜながらさらに１０分煮込む。

4 フライパンを熱してサラダ油大さじ１～２をひき、ソラマメを加えて塩を振り、強めの中火で炒める。少し焼き目がついたらアスパラガス、にんじん、キャベツの順に加えて全体に焼き目がつくまでよく炒め、塩、こしょうで味をととのえる。

KENTARO'S POINT

やわらかく、独特の甘味がある春野菜。
カレーとは別に野菜を炒めるのは、食材本来が持つ食感を味わうため！

5 器にごはんを盛り、４を載せて３をかける。

のらぼう菜の和え物２種

材料（２～３人分）

のらぼう菜：１束
a.マヨ和え
　マヨネーズ：大さじ１
　オイスターソース：少々
　和辛子：適宜
b.ごま和え
　白すりごま、ごま油：各大さじ１
　塩、砂糖：各小さじ⅓

作り方

1 のらぼう菜は茎の固い部分の皮をピーラーで少しむく。鍋に湯を沸かしてのらぼう菜を茎から入れて茹でる。茹で上がったら冷水に取る。水気を絞って５㎝長さに切る。

2 １を半量に分けてａ、ｂでそれぞれ和える。

太：「のらぼう菜って、珍しい野菜ですよね？もし、手に入らなかったら？」
ケ：「菜の花でもいいし、ブロッコリーでもいいし。小松菜でも！」

“のらぼう菜”とは？
春先に収穫される、アブラナ科の野菜。クセのない味、鮮やかな緑色が特徴で、おひたしや天ぷらなどにして食べると美味！
名前の由来は、野良に生えていた“野良生え”が変化したという説や、“野良にボーッと生えているから”など、諸説ある。

のら必死

太「のらぼう菜の気持ちなんて、誰も分からないじゃないですか！ボーッと生えているかどうかなんて。怒ってるかもしれないですよね？のらぼう自体は！」
ケ「“のら必死”かもしれないからね」
太「(笑)！そう考えると、のらぼうでいいです…」

皮まで手作りすれば、いつもの餃子がランクアップ！　モッチモ

SPRING

002

手作り餃子

きゅうりの浅漬け

2008.04.27 OA

粉を配合し、生地をこね、ねかせ…と、皮から丁寧に作った水＆焼き餃子。美味しさのポイントは、この“皮”にありました。「ウィ～ッス！」と乾杯した二人は、まず水餃子をぱくり。

太「最高!!　やっぱね、皮ですね、メインは！」、ケ「具がサラサラサラーッと溶けてくような。で、皮を味わうんですよ」と、皮の食感を思う存分、堪能します。お次は、箸休めのきゅうりの浅漬け。「餃子のモチモチしてる食感の中では、こういう（きゅうりのパリパリな）食感、いきたくなりますよね。これは、ビールに合いますよ!!」と、これまた太一のお墨付き！焼き餃子は、「モッチリ感が違いますね！普通に僕らが慣れているのは、中の具を食べてる感じですけど。すごく食べ応えがありますね！」と、太一。「夜とかでもいいのかもしれないけど、早めの夕方とかに、ビールと一緒に…ちょっと贅沢をしながらベランダで食べるのもいいですね！」。皆で作れば絶対楽しい！　休日の餃子パーティー、ぜひお試しください。

photo by TAICHI

チの食感がたまらない美味しさ

手作り餃子（焼き餃子＋水餃子）

材料（約40個分）

餃子の皮（約40枚）

a
- 強力粉：2½カップ
- 薄力粉：½カップ

ぬるま湯：約250cc
打ち粉（強力粉）：適宜

餃子の具

キャベツ：⅛個（約200ｇ）
ニラ：½束
しょうが：½片
片栗粉：大さじ1
豚ひき肉：180ｇ

b
- 水：¼カップ
- 酒：大さじ2
- ごま油：大さじ1
- オイスターソース：大さじ½
- 塩：３つまみ
- こしょう：少々

サラダ油：大さじ1
ごま油：大さじ½
打ち粉（強力粉）：適宜
しょうゆ、酢、ラー油：各適宜

作り方

1 ボウルにａの材料を合わせてザッと混ぜ、真ん中をくぼませ、ぬるま湯を１００cc程残して加え、ザッと混ぜてから手でよくこねる。様子をみながら残りの水を適宜足しながらこね、粉と水分がなじんできたら、打ち粉を振った調理台の上に取り出してさらによくこねる。生地の表面がなめらかになったらラップで包んで１５分程室温におく。

KENTARO'S POINT

餃子の皮には、強力粉と薄力粉を使います。割合的には、強力粉が多め。
強力粉を多くすることで、モチモチ感のある餃子の皮ができる！
太：「皮から作るって難しいと思っている人、多いですよね？」
ケ：「多いと思います。でも、意外と簡単ですよ！」

2 生地をねかせている間にキャベツ、ニラはみじん切りに、しょうがは千切りにしてボウルに入れ、片栗粉を加えて混ぜて、ひき肉、ｂを加えて手でよく混ぜる。

KENTARO'S POINT

皮のモチモチ感を生かすために、具には水を入れてゆるくし、ソース感覚に！

3 皮を作る。調理台に打ち粉をする。生地を半分に分け、打ち粉を振った麺棒で生地を２㎜厚さくらいにのばす。茶碗や湯飲みで直径８㎝くらいの円形にくり抜く。くっつきやすいのでくり抜いた生地の両面に打ち粉を振る。または直径２㎝の棒状にのばしてから包丁で２㎝幅に切る。切った生地を１個ずつ麺棒で直径８㎝くらいに丸くのばす。

4 皮の縁に水をグルリとつけ、皮の真ん中に2をティースプーンで載せ、具を包むように半分に折り、閉じ口をギュッと押さえながらしっかり閉じる。
または数ヵ所ひだを寄せながら閉じる。

焼き餃子

1. フライパンにサラダ油大さじ１をひき、餃子の半量を並べる。餃子の高さの半分くらいまで水を注ぎ、蓋をして強火で蒸し焼きにする。
2. 水分が少なくなって泡が大きくなり、パチパチ音がしてきたら、蓋を取ってごま油大さじ½を回し入れ、再び蓋をして焼く。水分がなくなって裏にカリッと焼き色がついたらできあがり。
3. 焼き目を上にして器に盛り、酢、しょうゆ、ラー油を添える。

水餃子

1. 鍋にたっぷりの湯を沸かして塩少々（分量外）を加え、餃子の半量を入れる。たまに混ぜながら強めの中火で５分くらい茹でる。
2. １個割ってみて火が通っていたらできあがり。茹で汁ごと器によそって、酢、しょうゆ、ラー油を添える。

きゅうりの浅漬け

材料（４人分）

きゅうり：４本
塩：小さじ½

a
- おろししょうが：少々
- ごま油、オイスターソース：各大さじ½
- 酢：少々

作り方

1 きゅうりはへたを落として麺棒でたたき、一口大にちぎってボウルに入れる。
塩を振って混ぜ、５～１０分おく。

ケ：「まず、へたをちぎります。手で」
太：「手で！何か意味があるんですか？」
ケ：「ないです（即答）。この漬物は、包丁がなくても作れるんです。あと、麺棒でたたくことで味が染み込みやすくなります」

2 きゅうりから出てきた水分を捨て、ａを加えて和える。

太一の家庭菜園

太「僕、番組がきっかけで、家庭菜園とか、野菜を作ることが本当に好きになって、今育てている物があるんです！」
ケ「何を？」
太「今は、バジルと、あとスティッコリーっていって、ブロッコリーのちっちゃいやつとか、イタリアンパセリとか。まだ苗の状態なんですけど…」
ケ「それを、番組で使いましょうよ！」
太「大きくなったら、その時に持ってきますね！」

豆腐の味わいを最大限に引き出した、新感覚の中華！　できた

SPRING

003

麻婆豆腐

ちぎりキャベツのごま和え

2008.05.04 OA

ケンタロウ骨折！　という衝撃の報告から始まった放送第３回。そんなほろ苦いエピソードの回に登場した麻婆豆腐ですが、完成品を一口食べた瞬間、太一は「ほんっっっと、うまい！」と大絶叫。その笑顔に「やった！」とうれしそうなケンタロウ。
太「（普通の）麻婆豆腐とは、全然違いますね！」、ケ「豆腐もスルーッと入ってきて、豆の風味もしますよね」、太「豆腐の役割がいいのかもしれない。豆腐が硬いと豆腐を食べている感じですけど、これは豆腐がソースみたいな感覚」
さらにごはんに麻婆豆腐をかけ、太「これ、やばいでしょ！」、ケ「いい光景ですね！」と、ご満悦。太一の「うわっ、うまい！　ごはん何杯でもいけるわ、これ。家でも復習してみます、僕。言わなかったですけども、カレーと餃子は、復習しようって気にならなかったです」とのまさかの告白（！）にケンタロウは「オレ、これ喜んでいいのかなぁ？」としょんぼり。「でも、これ（麻婆豆腐）に出会えたワケですから！」と、あくまでポジティブな太一でした。

photo by TAICHI

て手作り豆腐と麻婆あんが織り成す、奇跡のコラボ

麻婆豆腐

材料（４人分）

豆腐
豆乳（無調整）：500cc
にがり：豆乳またはにがりのパッケージの表示量

麻婆あん
豚ひき肉：100ｇ
ニラ：１束
長ねぎ：½本
にんにく、しょうが：各１片
ごま油：大さじ１
a
- 水：１½カップ
- 赤みそ、酒、オイスターソース、片栗粉：各大さじ１
- しょうゆ：小さじ１
- 豆板醤：大さじ½
- 砂糖、酢：各小さじ１

塩：適宜
黒いりごま、花椒（または山椒）、ごま油：各適宜

作り方

1 豆乳やにがりのパッケージの表示通りに豆腐を作る。

2 麻婆あんを作る。ニラは１㎝幅に切り、長ねぎ、にんにく、しょうがはみじん切りにする。調味料ａをよく混ぜて溶かす。

KENTARO'S POINT
家庭用のみそでもできるけど、赤みそに砂糖を加えるとより香ばしくなり、甘味とコクと深みが出る！
調味料ａをよく混ぜたら、最後に片栗粉を加える。あらかじめ混ぜておくと、熱を加えた時、片栗粉がダマにならずに仕上がる！

3 フライパンを熱してごま油をひき、長ねぎ、にんにく、しょうがを中火で炒める。しんなりしたら、豚ひき肉を加えてほぐしながら強火で炒める。

4 肉の色が変わったらａをもう一度よく混ぜてから加え、全体を大きく混ぜながらとろみがつくまで中火で加熱する。ニラを加えてひと煮し、味をみて足りなければ塩でととのえる。

KENTARO'S POINT
味見はレンゲで！
ケ：「味見は、レンゲでするのがいいんですよ。熱くならないから」
太：「あ〜、“っぽいから”とかじゃなくて？」
ケ：「（笑）オレ、そんなに雰囲気重視とかじゃない（笑）！」
太：「だって、“っぽい”じゃないですか？何か…（笑）」

5 １をスプーンですくって器に盛り、熱々の４をかけ、黒いりごま、花椒、ごま油を振る。

花椒（ホワジャオ）とは？
麻婆豆腐のアクセントに投入。中国山椒とも呼ばれ、中国で古くから食されている香辛料です。
ケ「いわゆる唐辛子の辛さじゃなくて、しびれる辛さなんです。四川料理には欠かせません」
太「へえ。普通にスーパーに売ってます？」
ケ「わりと、ありますよ！」

KENTARO'S POINT
上手なフライパンの選び方。
実際に振ってみて、重さや使い勝手がよいかを試してみるのがベスト！

ちぎりキャベツのごま和え

材料（４人分）

キャベツ：¼個
a
- 酢：大さじ２
- 白いりごま、ごま油：各大さじ１
- 塩、砂糖：２〜３つまみ

作り方

1 キャベツは一口大にちぎる。

2 ボウルにａを混ぜ、１を加えて和える。

男子ごはんトーク集 1

春のオープニングトーク集

番組でオンエアされた太一×ケンタロウの
おもしろトークを厳選してご紹介！

#001

春野菜のカレー

2008.04.20 OA

番組オープニング第一声

太「始まっちゃいましたね～！」
ケ「始まっちゃいましたね～！」
太「こんな感じで（笑）」
ケ「こんな感じで（笑）」
太「１回目ということもあって、お偉いさんたちもたくさんいるんですよね、実はね」
ケ「そうですねぇ～」
太「この爽やかな空気の中で、向こうでは、『どんな番組始めんだ？こいつら…』みたいな（笑）」
ケ「すごいですよね（笑）」
太「でも、いいじゃないですか！こうやって、何か明るい雰囲気の中で、30オーバーの二人が…」
ケ「…オッサンですよね（笑）」
太「（笑）ただ、『男子ごはん』というのがテーマですから、どんなものを作るような番組にしていきましょうかね？」
ケ「まぁ、見てすぐ作れるような、家でほんとに作れるようなものを。あんまりこう、奇をてらわず…」
太「今日お休みのね、お父さんたちでも作れるようなものがテーマであり…」
ケ「もちろん！『男子ごはん』ですから！」
太「ねぇ！」

１回目のメニューはカレー

太「じゃあ、１回目のメニューは？何でいきましょうか？」
ケ「カレー！」
太「（笑）！」
ケ「え？何？何？何？？えぇ～っ（笑）？？」
太「守りに入りすぎじゃないですか？１回目、カレーって（笑）！」
ケ「え？１回目はカレーでしょ？」
太「そうっすか（笑）？」
ケ「もう世界共通ですよ。
…オレ、守りに入ってるかなぁ…？？」

『男子ごはん』初タイトルコール

太「料理番組って、番組が始まる前に何かあるじゃないですか？『お料理、バンバン！』みたいな…（笑）」
ケ「あ…！やっちゃう（笑）？」
太「ウチも何かやった方がいいんじゃないですか（笑）？」
ケ「どうします？」
太「（考）」
ケ「そこはもう、太一くんに一任しますよ」
太「じゃあ、ケンタロウさん！
右手でこうして（拳を作って）、カメラに向かって、『男子・ごはん！』っていきましょうよ！」
ケ「マジっすか（笑）！？」
2人「（笑）！！」
太「いいですか…、せーの！！」
2人「男子・ごはん！！
（言い終わり、思わず笑い出す二人）」
太「恥ずかしい～っ（笑）！！」

#002

手作り餃子

2008.04.27 OA

すぐ取り入れます！

太「さぁ、ケンタロウさん！この番組も、無事２回目を迎えることができました！」
ケ「できましたね～！」
太「カレー、どのぐらい作ってくれたんですかね～？」
ケ「ね？そういうの、知りたいですよね？」
太「あっ、募集します？このカレー、美味しかったです！とか」
ケ「これを入れてみた！とか、知りたいです」
太「そうですね」
ケ「すぐ取り入れます（笑）！」
太「（笑）！」

#003

麻婆豆腐

2008.05.04 OA

ケンタロウ骨折

太「さぁ！今週も始まりましたけれども…、ケンタロウさん！どうしたんですか？その足（笑）！（足につけたギプスを見て）もう靴下、脱いだ方がいいですって！なんですか？それ～（笑）？」
ケ「今年は、ブーツかなぁと思って…」
太「（笑）！何があったんですか？料理人に！」
ケ「え～、骨折を…」
太「骨折？仕事中に！？…まぁそれは、あとでゆっくり聞くとして。今日、３回目は何を？」
ケ「え～、“骨折豆腐”を…」
太「あははは（笑）！ちょっと、分かんない（笑）！」
ケ「すいません…、ちょっと間違えました…（笑）
麻婆豆腐を！」

#004

初がつおのパスタ

2008.05.11 OA

先攻：ケンタロウの先制

太「ケンタロウさん！今日で４回目ですけど、何かまわりの反響とかそういうの、聞きました？」
ケ「１回目の放送が終わってすぐに友達から電話が掛かってきて、全く話してなかったんですよ…」
太「この番組のことを。はいはい…。なんで話、しないんですか？」
ケ「…え（絶句）！！」
太「まずそこですよ、引っ掛かんのは！普通するじゃないですか！」
ケ「何か、お楽しみというか…。ほら、何か…。こう、ほら…」
太「なるほどね…。で、電話があったワケですよね？」
ケ「電話が掛かってきて、『すごいおもしろかった！』って言ってくれて。でも主にずーっとほぼ、太一くんの話なんですよ。『太一くん、いいね！』っていう…」
太「え？それでなんて言ったんですか？」
ケ「『そうでもないよ！』…って」
太「あははは（笑）！なんでですか（笑）！そこはいいじゃないですか『いいヤツなんだよ～』で！」
ケ「『カメラ止まったらもう、ほんとすごいよ…』みたいな」
太「あはははははは（笑）！！ひどい人ですね～、ほんとにぃ！」
ケ「（笑）！」

後攻：太一の反撃

——番組タイトルコール
太「じゃあ、いきますか！」
ケ「はい」
太「せーの！！」
2人「男子・ごはん！！」
太「よっしゃっ！！」
（足を骨折しているケンタロウに全くかまうことなく、一人スタスタとキッチンの方へ歩いていく太一）
ケ「え？また？何？？」
太「まだ歩けないのぉーーっっ？？」
ケ「絶賛骨折中ですよ！」
太「あはははははは（笑）！！」

#005

じゃがいものコロッケ

2008.05.18 OA

太一母親からの電話

太「ウチの母親から、電話があったんですよ。『この番組、見てるわよ～！』って。『私、今日一品増やした！』っていう話をするワケですよ。『何増やしたの？』って聞いたら、『あのキャベツのやつあったでしょ？簡単に一品増やせたわ！』って言ってましたよ！」
ケ「すごい、うれしい！」
太「『これからもケンタロウさんに教えてもらいたい！』ってこと、言ってましたからねぇ～」
ケ「マジっすか～！？」
（スタジオの外を爆音をたてながらヘリコプターが通過）
太「はい。まぁ、若干しゃべった時に、ヘリコプターが通ってしまったという…」
ケ「あはははははは（笑）！」

#006

和風あんかけオムライス

2008.05.25 OA

太一の不安 ～ケンタロウの100%の自信

——本日のメニューがオムライスと聞き
太「ケンタロウさんって、フライパンをひっくり返すのが、下手じゃないですか？」
ケ「違う（笑）！あれはぁ～（笑）！」
太「餃子の時もそうでしたけれども！」
（以前、焼き餃子をフライパンからお皿にうまくひっくり返して移せなかったケンタロウ）
ケ「オレ、たぶん１０年ぐらいこの仕事してますけど、あんなことは生まれて初めてです…」
太「“生まれて初めて”の物を、僕は１００％見てるワケですよ！」
ケ「へへへへへへ（笑）！！」
太「なので、不安なんですけれども…」
ケ「（フライパンを返すのを見たのは）あれしかないもんね（笑）！」
太「あれしかないワケですよ！」
ケ「あのね～、オムライスには…」
太「ひっくり返すじゃないですか？」
ケ「はははははは（笑）！オムライスには、絶対のやり方があります！」
太「失敗はしない！と」
ケ「はい！100パーできます！！」
太「ほぉ～」
ケ「ほんとにっ！」

#008

しょうが焼き丼

2008.06.08 OA

視聴者の皆さんからの感想

——番組タイトルコール
太「見てる方も、このタイミングでやってるらしいですよ、今！」
ケ「あ！やってるんだ…（笑）」
太「はい。『いつもそこを楽しみにしています！』…って」
ケ「あっ！マジですか？…じゃあ、やろうかっ！」
太「…っていう感想が、きてるようで、きてないみたいですよ（笑）」
ケ「…きてねぇんだ（笑）」
太「やり続けることに、意味があるワケです。これはね！だって、猪木さんの、『１・２・３・ダー！』あるじゃないですか？あれを必ず皆やるワケじゃないですか？」
ケ「やりますね！」
太「だからもし、この『男子ごはん』でイベントとかやった時は、『最後じゃあアレでしめますか！』って言って、『男子・ごはん！アリガトーー！！』ってしめられるぐらい（笑）！」
2人「あはははははは（笑）！！」
ケ「定着するかなぁ…？？やろう、でも！」
太「やり続けましょうね！」

#010

タコのトマト煮

2008.06.22 OA

ナインティナイン岡村さんからのリクエスト

太「ナイナイの岡村さんも、この番組をすごく気にして見てくれてるんですよ！」
ケ「ほぉ！」
太「毎回楽屋で、『あれ、うまかったん～？』って。で、『今度ぜひ作ってもらいたい物がある！』って言われました。『これはもう、ケンタロウさんにぜひ伝えといてくれ』…と」
ケ「はい、何でしょう？」
太「“そうめん”って言ってました！」
ケ「（笑）！それ、何？そうめんから（笑）？」
太「だからそれは、（そうめんの袋の）後ろを読んでください…っていう話はしたんですけど（笑）」
ケ「そうですね（笑）めんつゆも薄めてください…って伝えてください（笑）」
太「だからオレは聞かなくてもいいかな～と思うんですけどね、岡村さんのリクエストは」
ケ「だからオレも、今日は聞かなかったということで（笑）」

この季節に食べたい魚といえば、やっぱり初がつお！ 豪快な

SPRING

004

初がつおのパスタ

中華風 かつおのたたき

2008.05.11 OA

1年のうち2回、春と秋に旬を迎えるかつお。春のかつおはさっぱりとした美味しさ、秋のかつおは脂がしっかりのった濃厚さが特徴だとか。今回は、初がつおの風味を生かしたパスタにトライ！「爽やかなパスタですね！　トマトっていうと、こってりしてるイメージもあるんですけど、これはやっぱりフルーツトマトを使ってるから…」という太一の感想通り、あっさり系の味わいが魅力です。

太「最後にオリーブオイルをちょっと足したじゃないですか？　あれが何かいい気がするんですよね」、ケ「ちょっと香りもして、舌触りもなめらかになるんですよ」と、調味料の微妙なさじ加減も美味しさのポイント。もう一品の中華風 かつおのたたきは、「薬味の盛り方とか、最高だなぁ。玉ねぎのシャキシャキ感もいいですね！　うまーい!!」と、これまた太一、感激の味。「混ぜたことで、玉ねぎの旨味がよりたれに出るんですよね」とのケンタロウのアドバイスに、「なるほど！」と納得。太「旬の初がつおを料理するっていうのは、いいですね！　ぜひ皆さんにやってもらいたい！」

photo by TAICHI

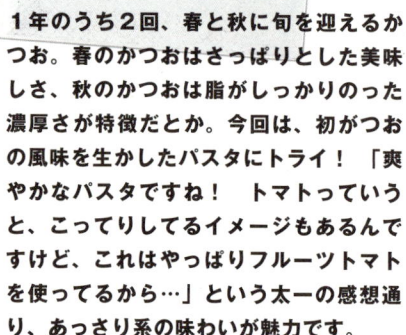

たたきを、イタリアン、そして中華の味わいで

初がつおのパスタ

材料（２人分）

かつお：小１さく（約200ｇ）
フルーツトマト：１個
オリーブ（黒、種なし）：10粒
パスタ（１.６㎜）：160ｇ
a おろしにんにく：少々
　オリーブ油：大さじ２～３
　塩：小さじ½
サラダ油：大さじ１強
塩、こしょう、
イタリアンパセリ（粗みじん切り）
：各適宜

作り方

1 トマトは１㎝角に切る。オリーブはみじん切りにする。
2 フライパンをよく熱してサラダ油をひき、水気を拭いたかつおを強火で焼きつける。返しながら表面全体をこんがりと焼く。５㎜厚さに切る。

KENTARO'S POINT
かつおは金串ではなく、フライパンで焼く！
太：「よくね、料理番組見ててもね、（かつおに）串を刺して、コンロの上で焼いたりしてる画を見ますよ！なんで、あきらめちゃうんですか!!」
ケ：「（笑）え？何？オレ、これ、あきらめた結果なの!?…じゃあ、おうかがいしますけれども、皆さんのお宅に金串がありますか？と」
太：「なるほどね！ちゃんと（家庭で作ることを）考えてるわけですね」

3 パスタは塩を加えた熱湯で表示時間より１分短めに茹でる。

KENTARO'S POINT
パスタを１分短めに茹でるのは、その次にソースと和えたりする工程があるから。余熱で、ちょうどいい硬さになります！

4 ボウルにａを混ぜ、１、２を加えて混ぜる。茹で上がったパスタを加えて和え、味をみながら塩、こしょうでととのえる。
5 器に盛ってパセリをちらし、こしょうを振る。

KENTARO'S POINT
パスタの盛り付けは、高く！
ケ：「パスタは何よりも早く食べるっていうのが一番大事なので、多少綺麗に盛り付けなくてもいいとは思うんです。でも僕はフォークに巻き付けて、ちょっと高めに盛ります。皿にベッタリならないように！」
太：「うわーオシャレ！スプーンとフォークだけで盛り付けてもこんなにオシャレになるんですね」

中華風 かつおのたたき

材料（２～３人分）

かつお：小１さく（約200ｇ）
玉ねぎ：¼個
a おろしにんにく、
　おろししょうが：各½片分
　ごま油：大さじ１
　しょうゆ、オイスターソース：
　各大さじ½
サラダ油：大さじ１強
青ねぎ（小口切り）、一味唐辛子、
白いりごま：各適宜

作り方

1 玉ねぎは縦薄切りにし、氷水に１０分さらす。水気をしっかりきる。
2 ボウルにａを混ぜ、玉ねぎを加えて和える。
3 フライパンをよく熱してサラダ油をひき、水気を拭いたかつおを強火で焼きつける。返しながら表面全体をこんがりと焼く。５㎜厚さに切る。
4 器に３を盛って２を載せ、青ねぎ、一味唐辛子、白いりごまをちらす。

オイスターソースは番組の準レギュラー

太「“中華風たたき”の“中華風”っていうのは、どこで中華風というんですか？」
ケ「まぁ当然ですけど、オイスターソースですねぇ！」
太「はははは（笑）！またオイスターソース入れるんですか？」
ケ「なぜそういうふうに聞かれたのかも、よく分からないですね」
太「（オイスターソースは）準レギュラーですよね！」
ケ「準レギュラーですね（笑）！」

隠し味が決め手の、ちょっと懐かしい、昔ながらのコロッケ。じ

SPRING

005

じゃがいもの コロッケ

2008.05.18 OA

「このコロッケ、最大の隠し味は、小林家秘伝の“練乳”。調理中、コロッケのタネに大さじ１杯程投入された練乳に、「え？　そんなに入れるの？」「じゃがいもと本当に合うんですか？　甘くならないですか？」「どうしよう、真ん中割ったら練乳がピュワーッと出てきたら…クリームコロッケばりに！」としきりに心配していた太一。「この甘味は、（できあがった時）そんなに甘いって絶対思わない！」というケンタロウの自信に満ちた言葉を、最後まで疑っていたのでした…が！　試食時、こんがり黄金色に揚がったコロッケに豪快にかぶりつくと「うまいっ！　なめらかですね、じゃがいもが。あと、ちょっと甘味がある」と、独特の味わいに満面の笑顔。ケ「練乳の甘さなんですよ。ほのかに甘味がするっていうのが、小林家のコロッケ」、太「このソースもいいですね。あと、衣のサクサク感！」。それぞれの素材は究極にシンプルだけど全ての相性がよくて、最高のバランスで成り立っている、ケンタロウも大好きな味。大切に受け継がれてきた小林家の味に、大満足の太一でした。」

photo by TAICHI

ゃがいものホクホク感、衣のサックリ感を味わって！

じゃがいものコロッケ

材料（４人分）

じゃがいも：４～５個（約600ｇ）
玉ねぎ（みじん切り）：½個
合びき肉：200ｇ
練乳：大さじ１
塩：小さじ½
こしょう：少々
サラダ油：大さじ１
a［薄力粉：大さじ５～６
　 卵：１個
　 水：¼カップ
薄力粉、パン粉、揚げ油：各適宜
ウスターソース、ケチャップ：各適宜
キャベツ、トマト（くし形切り）：各適宜

作り方

1 じゃがいもは皮をむいて４等分に切り、水に３分さらす。鍋に入れてかぶるくらいの水を加え、蓋をしてやわらかく茹でる。茹で汁を捨て、再び強火にかけて水分を飛ばす。ボウルに移してマッシャーなどでつぶす。

KENTARO'S POINT

越冬じゃがいもがオススメ！
越冬じゃがいもとは、秋に収穫されたじゃがいもが冬を越したもの。糖度が増し、甘味が出ます。

2 フライパンを熱してサラダ油をひき、玉ねぎを中火で炒める。しんなりしたら、ひき肉を加えて塩、こしょうを振り、ほぐしながら強火で炒める。１に加えて、練乳も入れて混ぜ、バット等に移してしっかり冷ます。

KENTARO'S POINT

茹で上がったじゃがいもを、じゃがいもの食感が残る程度にマッシャーでつぶしたところで、他の具材とともに練乳を混ぜ入れます。

3 キャベツを千切りにする。ケチャップとウスターソースを同量ずつ混ぜ合わせる。
4 ２を12等分に分け、手のひらで押さえて空気を抜き、俵形にまとめる。
5 ａをよく混ぜ合わせる。４に薄力粉をまぶし、ａ（バッター液）にくぐらせ、パン粉を押さえながらしっかりつける。

KENTARO'S POINT

バッター液とは、薄力粉と卵、水を混ぜた液体。普通のコロッケは「薄力粉をはたく→卵液につける→パン粉をつける」だけど、「薄力粉→バッター液→パン粉」の手順で作ると衣がサックリと揚がり、揚げる時に破裂しにくくなるというメリットも！
太：「このバッター液は、他の料理にも使いますか？」
ケ：「使いますよ。フライとか、豚カツにも応用できます」
太：「なるほど。プロの技なんですね！」

6 フライパンに揚げ油を深さ３㎝入れて中温に熱し、５を２個入れて強めの中火で揚げる。衣が固まり始めたら、たまに返しながら揚げ、全体がきつね色になったら火を強めてカラッと仕上げる。残りも同様に揚げる。
7 器に盛ってキャベツ、トマトを添える。３のソースも添える。

まろやかな和風あんをかけた新感覚オムライス。誰でも失敗せ

SPRING

006

和風あんかけオムライス

焼きねぎのマリネ

2008.05.25 OA

洋食の定番・オムライスも、ケンタロウ流のアレンジが加わればちょっと大人のごちそうに。太一も、「んっ！　オムライスじゃないですね、これ。新しい食べ物ですね。ごはんがモチモチする感じなんですよ。このモチモチ感は不思議！　全体的に香ばしいですね」と美味しさの秘密を追求。ふっくら焼きあがった卵のやわらかい食感をあんが優しく包み込みます。太「あ…あとホタテだ！　ホタテ汁。これ大事かもしれないですね～！」、ケ「コクが最後にこう…抜ける感じ」、太「これは新しい！」

一方、焼きねぎのマリネは、調理中の味見で「やっぱり芯の方が甘いから、酸っぱくても食べやすいんですね！」と太一が言っていましたが、少し時間をおいたことで味が変化。「美味しい!!　どんどんなじんでいってる！　白ワインとかと合いそうですね」と、和にも洋にも合う、万能小鉢になりそう。「僕、このケンタロウさんのオリジナル感が好きかもしれない！　これからも新しいことに挑戦していきましょうよ！」

photo by TAICHI

ず作れる裏技を大公開

和風あんかけオムライス

材料（２人分）

温かいごはん：軽く茶碗３杯
豚バラ薄切り肉：100ｇ
えのき：½袋
しらす：大さじ３
焼き海苔：２枚
a 卵：３個
　砂糖：小さじ１
　塩：１つまみ
しょうゆ：大さじ½
酒：大さじ１
塩、サラダ油：各適宜

あん
　ホタテ缶：小１缶（約70ｇ）
　しょうが（千切り）：１片分
　だし汁：２カップ
　しょうゆ：小さじ２
　みりん：小さじ１
　b 片栗粉：大さじ１½
　　水：大さじ２〜３
塩：適宜

作り方

1 あんを作る。ｂを溶き混ぜる。小鍋にだし汁、しょうが、ホタテを缶汁ごと加え、しょうゆ、みりんも加えて火にかける。

KENTARO'S POINT

ホタテ缶は、缶汁ごと加える。
ケ：「ホタテの缶汁には凝縮されたホタテの旨味が含まれているので、だしが出やすいんです。必ず缶汁まで入れてください」
太：「もし、ホタテ以外に代用するとしたら？」
ケ：「貝類は濃厚なだしが出るので、あさり缶でも美味しくできます」

2 フツフツしてきたら火を止め、ｂをもう一度混ぜてから鍋に加えて全体を混ぜる。再び中火にかけ、とろみがついてきたら味をみながら塩でととのえる。

3 豚肉は小さめの一口大に切る。えのきは石づきを落として半分に切って小房に分ける。焼き海苔はちぎる。ａをボウルに溶き混ぜる。

4 フライパンを熱してサラダ油大さじ１をひき、豚肉を強火で炒める。焼き目がついてきたらえのきを加えて炒め、しんなりしたらごはんを加えてほぐしながらよく炒める。

5 ごはんに油が回ったらしらす、しょうゆ、酒を加えてざっと炒め、味をみながら塩でととのえる。焼き海苔を加えて混ぜ、いったん取り出す。

6 １人分ずつ作る。フライパンを拭いて熱し、サラダ油大さじ½をひいてａの半量を流し入れる。卵の縁が乾き始めたら火を止め、中央に５の半量を載せ、ごはんを包むように両側の卵の縁を少しかぶせる。

7 フライパンに一回り小さいお皿をかぶせ、エイッとひっくり返す。キッチンペーパーをかぶせて上から手で押さえながら形をととのえる。

KENTARO'S POINT

お皿に取ったオムライスは、ちょっと平べったい形。
でも、キッチンペーパー＆手で成形することで、誰でも失敗せずに綺麗なオムライスが作れる！

8 もう１個分も同様に作り、上から２をかける。

焼きねぎのマリネ

材料（２人分）

長ねぎ：１本
オリーブ油：大さじ１
a 酢：大さじ２
　塩：２〜３つまみ
　砂糖：２つまみ

作り方

1 長ねぎは４㎝長さに切る。

2 フライパンを熱してオリーブ油をひき、１を中火で焼く。たまに転がしながら全体に焼き目をつける。

3 ボウルにａを混ぜ、２を加えて和える。ラップをして冷蔵庫で１５分以上漬ける。

卵がギッシリ詰まったカレイを、ジューシーな煮つけに！ スピ

SPRING

007

カレイの煮つけ 定食

カレイの煮つけ／カブのたらこ和え／
カブの葉のしらす和え／豆腐と海苔のみそ汁
2008.06.01 OA

photo by TAICHI

ズラリと並んだ“一汁三菜”を目の前に、まずはメインのカレイの煮つけから試食。卵がギッシリ詰まった、この季節の旬の魚です。太「ちょっとごはんに一回載っけて、ごはんを汚しながら食べるという…」、ケ「分かる、分かる！」、太「うまいっ‼ 何かね、旅館の朝ごはんって感じ！ うわ～、美味しい！」、ケ「簡単でしたよね？」、太「うん、簡単ですね。カレイの味もしっかり出てますしね」と、意外にも手軽にできた本格煮つけに舌鼓。焼き海苔をちぎって入れただけなのに磯の香りを満喫できるみそ汁、ごはんのお供にぴったりのカブの葉のしらす和え＆カブのたらこ和え…と、おなかも心も満たされる定食ができあがりました。

太「ほんとにね、全部、食感が違いますよ。僕、今まで食感を気にしてごはんを食べたことがなかったから、それを意識すると楽しいですね！」、ケ「楽しい！（カブのたらこ和えで）ポリポリして、また煮魚にいきたくなるじゃないですか？ …そういうリズムでいきたい」、太「うん、うん」と、ケンタロウの有り難い教えに素直にうなずき、また一つ“食べること”の楽しさに目覚めた太一でした。

ーディーに作れる“一汁三菜”の和の献立

カレイの煮つけ

材料（2人分）

カレイ（切り身）：2切れ
ししとう：10本
しょうが：½片
a［水：¾カップ
しょうゆ：大さじ1強
みりん：大さじ1
砂糖：大さじ1弱

作り方

1 ししとうはへたの先を切り落として竹串で数カ所穴をあける。しょうがは皮付きのまま薄切りにする。カレイは水気を拭き、皮に切り込みを入れる。

2 クッキングシートで落とし蓋を作る。

KENTARO'S POINT

クッキングシートをフライパンの直径ぐらいの大きさに切って、四つ折りにする。折りの中心を三角形に半分折り、さらにその半分に折り…と繰り返し折っていき、折り目のセンターと端をはさみで切る。広げれば、フライパンと同じ大きさの落とし蓋のできあがり！

太：「そもそも、落とし蓋の役割って何ですか？」

ケ：「煮汁を対流させて味を全体にいきわたらせることができ、なおかつ魚の煮くずれを防ぐ効果もあります」

3 フライパンにaを合わせて煮立て、カレイ、しょうがを加える。2を載せ、中火で7分煮る。

4 落とし蓋を取ってししとうを加え、たまに煮汁を回しかけながら1分煮る。

カブのたらこ和え

材料（作りやすい分量）

カブ：小3個
たらこ：½腹
塩：1つまみ
ごま油：少々

作り方

1 カブは葉を切り落として皮付きのまま縦12等分に切る。ボウルに入れて塩を加えて混ぜ、3分おく。水分が出てきたら水気をきる。

KENTARO'S POINT

カブは皮付きのまま使います。
カブの実のやわらかさと対照的な、皮本来のポリポリした歯ごたえを楽しんで！

2 たらこは皮を取り除いてほぐして1に加え、ごま油を加えて和える。

カブの葉のしらす和え

材料（作りやすい分量）

カブの葉：3個分
しらす：大さじ3
白いりごま：大さじ2
みりん：小さじ1
しょうゆ：少々
塩：1つまみ

作り方

1 カブの葉は1㎝幅に刻んでボウルに入れ、すべての材料を加えて和える。

豆腐と海苔のみそ汁

材料（2人分）

煮干し（頭とワタを取る）：大4〜5尾
水：3カップ
豆腐（絹）：½丁
焼き海苔：2枚
みそ：約大さじ2
長ねぎ（小口切り）：適宜

作り方

1 鍋に水を入れて煮干しを加え、15分程おく。豆腐はサイの目に切る。

2 1の鍋を火にかけ、フツフツしてきたら豆腐を加えてひと煮する。味をみながらみそを溶き入れ、ちぎった海苔を加えて混ぜる。

3 器に盛って長ねぎを振る。

豚肉をやわらかく焼いて、炊きたてごはんにのっけ盛り。これ

SPRING

008

しょうが焼き丼

豆腐のしそ和え

2008.06.08 OA

美味しい丼物は、美味しいごはんから！　ということで、米を研ぎ、鍋でごはんを炊くことから調理スタート。豚肉を焼く段階では、スタジオ中に立ち込める“しょうが焼きの香り”に、「やっべぇ～！　いいニオイ!!　こーれは、いいニオイ!!　こんな香水、つけたいよ！」とテンション上がりまくりの太一。ケ「売れるかな？　ポークジンジャー（の香水）」、太「男には絶対人気あると思いますよ！」、ケ「男ばっかり集まってくる（笑）」と香水トークに大盛り上がりの二人でした。

そして、待望の試食タイム。太「ん～！　やわらかい！　フワフワ!!　うまいわ!!」、ケ「ね？　そういうことなんですよ！　分かりますよね、違いが」、太「分かります。しょうがの香りもね、普段食べてる、しょうが焼きよりは強い気がするんですよね」、ケ「最後に、バッてからめてるので、しょうがの味が残るんですよ」と、ちょっとしたコツで定番メニューをさらに美味しくできることを再認識。こだわりのごはんも、一粒一粒が立った絶妙な炊き上がり。豆腐のしそ和えは、「これはビールに合うわ!!　ごま油と豆腐の関係がいいですね。ちょっとした塩気と、あとは大葉の香りとね」と、簡単なのに本格派の味わいです！

photo by TAICHI

ぞ、男子流。豪快で簡単、激ウマメニュー！

しょうが焼き丼

材料（２人分）

豚肩ロース薄切り肉：250ｇ
キャベツ：約２枚
a［おろししょうが：１片分
　水：大さじ３
　しょうゆ、みりん：各大さじ１
　オイスターソース：大さじ½
サラダ油：大さじ１弱
薄力粉：適宜
温かいごはん：２人分
漬物：適宜

作り方

KENTARO'S POINT
鍋で米を炊く。米を研ぐ時に注意すべきポイントは、"力を入れずに"研ぐこと。
力を入れすぎると、米の表面がボロボロになってしまう可能性も。
やさしく２～３回研いだら、かき回さずに３～４回、水ですすぐ。

1 ａを混ぜ合わせる。キャベツは７㎜幅に切る。
2 フライパンを熱してサラダ油をひき、豚肉を広げて薄力粉をまぶしながら並べ、両面を強火で焼く。色が変わったらａを加えてからめる。

KENTARO'S POINT
やわらかお肉の秘密は、豚肉に薄力粉をまぶしつけること。
こうすることで、肉のジューシーさが閉じ込められます。
太：「それは定番のやり方なんですか？」
ケ：「ソテーなどでよくやりますね。肉の表面に薄力粉の層ができるので、肉が直接鉄板に触れずに蒸し焼きになるんです。それで、肉がやわらかく仕上がるんです」

3 器にごはんを盛ってキャベツ、２を載せ、フライパンに残ったたれをかけ、漬物を添える。

豆腐のしそ和え

材料（２人分）

豆腐（木綿）：½丁
青じそ：10枚
ごま油：小さじ１
塩：小さじ¼
砂糖：１つまみ

作り方

1 豆腐はキッチンペーパーで包んでザルに載せ、上に皿などの重しを載せて１５分くらい水切りをする。青じそは粗みじん切りにする。
2 ボウルに全ての材料を入れて、豆腐をくずしながらスプーンで混ぜる。

手作りパンに“一手間”加えて、美味しさ倍増！　ちょっと贅

SPRING

009

3種のパンランチ

スクランブルエッグトースト（食パン）／ホットサンド（食パン）／フレンチトースト（フランスパン）

2008.06.15 OA

photo by TAICHI

そのまま食べても十分に美味しい焼きたてパンを、もっと楽しく、ちょっと贅沢に味わえる！　ホームベーカリーを使ってトライしたのは、そんな大人も子供も“作ること”を楽しめる三品。

ホットサンドは、「うわ～、驚いた！　美味しい、これ！　チーズとの相性がいいですね。カニとチーズと」と、トローりとろけるチーズとからむカニ＆キャベツの食感が最高。太一も、「うまい！　ちょっと驚きました」と想像を超えた味。

ケンタロウから「この、パンのフワフワと卵のフワフワを味わってほしいですね！」とすすめられたスクランブルエッグトーストは、「もう、皆さんが想像してる味ですよ、言ったら！　フワフワ＆フワフワの中のベーコンがまた、食感を楽しませてくれますね」

フランベしたバナナを添えたフレンチトーストは、「バナナも、いかにもしつこくなりそうでいて、でもわりとこう、酸味が出て、さっぱり…」（太一）と爽やかな甘味がクセになる、まさに男子スイーツ。皆で作って、食べて、幸せになれるトリオです！

沢なサンデーブランチを！

スクラン　エッグトースト

材料

食パ
ベー
a
サラ
バタ　各適宜

作り方

1 フライパンにベーコンを並べ、弱めの中火で焼く。脂が出てきたらキッチンペーパーで拭き取りながらじっくりと焼く。全体がカリカリになったら取り出す。
2 aをフォークでよく混ぜる。

KENTARO'S POINT

卵液に生クリームを入れると、スクランブルエッグがフワフワの食感に仕上がります。
太：「生クリームの何がフワッとさせるんですか？」
ケ：「加熱しても卵が固まりにくくなります」
太：「本当にフワフワ。（混ぜている）この時点で、なめらかさが分かりますね」

3 1のフライパンをさっと拭いて熱し、バターをひいて2を流し入れる。手早く半熟状のスクランブルエッグにして取り出す。
4 焼きたてのパンにバターを塗り、3、1を載せてこしょうを振る。好みでケチャップをかける。

ホ

材料

食パ　枚
a
カニ
キャ
マヨ
塩：
スラ
バタ

作り方

1 aをよく混ぜる。
2 カニを缶汁をきってボウルに入れ、マヨネーズ、塩を加えて混ぜる。
3 パンの片面にバター、辛子を塗る。パン1枚の上に縁から1㎝あけてチーズ1枚、キャベツ、2、チーズ1枚を載せる。あけた部分に1を塗り、もう1枚のパンではさむ。縁を押さえながらピッチリ閉じる。もう1セット同様に作る。

KENTARO'S POINT

小麦粉と水を混ぜたのりで、パンの全ての縁をくっつける。
ケ：「ホットサンドを作る時はバウルー（※）を使いますが、この方法でパンとパンをくっつければフライパンでも作れます」
（※）1970年代にブラジルで誕生した鉄製のホットサンドメーカー。サンドウィッチの両面を焼ける、たい焼き器のような形状の器具。

4 フライパンを熱してサラダ油を薄くひいて3を並べ、蓋をして弱めの中火で焼く。じっくりと両面をこんがりと焼く。

フレンチトースト

材料（3〜4人分）

フランスパン：½斤
a ┌卵：2個
　│砂糖：大さじ1〜1½
　└牛乳：1カップ
バナナ：1本
バター：大さじ½
サラダ油、メイプルシロップ、シナモン：各適宜

作り方

1 パンは4㎝角くらいに切る。バットにaの材料を合わせてよく混ぜ、パンを加えて返しながら両面を浸し、たっぷりと染み込ませる。ラップをしてそのまま5分くらいおく。
2 フライパンを熱してサラダ油大さじ½〜1をひき、1を入れて蓋をし、弱めの中火でじっくりと焼く。焼き色がついたら返して全体をこんがりと焼く。
3 フライパンをさっと拭いて熱し、バターを溶かして皮をむいたバナナを弱めの中火で焼く。少し焼き目がついたら、メイプルシロップ大さじ1を加えてからめる。
4 器に2を盛って3を載せ、メイプルシロップをかけてシナモンを振る。

タコをやわらかく煮たスパニッシュな一皿。仕上げには、フレ

SPRING

010

タコのトマト煮

ガーリックポテト

2008.06.22 OA

photo by TAICHI

タコにしっかり焼き目をつけたあと、にんにくの旨味が凝縮されたトマトソースで煮込んだ、彩り鮮やかなメニュー。盛り付けたら、『男子ごはん』のために太一がベランダで栽培したイタリアンパセリを刻んで皿全体にまぶし、完成！

できあがったトマト煮のタコは、ナイフで刺すとスッと切れるやわらかさ。太「美味しいですねぇ〜！」、ケ「うまいですねぇ〜」、太「色んな香りがあるので、それも楽しめますね、口の中で。うわ〜、これは普通に食べちゃうなぁ〜。ほんとに、ワインとも合いますしね！」と、簡単に作れてオシャレなので、おもてなしメニューにぴったり。

もう一品のガーリックポテトは、太一が揚げたての試食段階からつまみ食いが止まらなくなってしまった絶品。太「このポテトは、タコを煮込んでる間に作っといて、待ちながらこう、食べたりとかして…」、ケ「そういう楽しさがあるよね？　もうその時から、ワイン飲んだりして」、太「あ！　いいですね〜。ほんとそうですね！」、ケ「…ラテンなノリで！」、太「うん。最高っすよ、これ！」

＃002で太一が育て始めたと言っていたハーブをお披露目。
こんなに立派に育ちました！

ッシュハーブで爽快な風味をプラス！

タコのトマト煮

材料（２人分）

茹でタコ：約300ｇ
セロリ：１本
にんにく：４片
オリーブ（黒、緑）：各10粒
イタリアンパセリ（粗みじん切り）：適宜
オリーブ油：大さじ１½
a［ホールトマト：大１缶
水：１½カップ
オレガノ、バジル（ドライ）：各小さじ１
塩、こしょう：各適宜

作り方

1 セロリは葉と茎に分け、茎はピーラーで皮をむいて５㎝長さに切る。太いものは縦２～３等分に切る。にんにくは木べらでつぶす。ホールトマトはキッチンバサミでザクザク切る。

KENTARO'S POINT

にんにくは、包丁でスライスせずに木べらでつぶして。
太：「つぶす意味ってなんですか？」
ケ：「にんにくの断面がギザギザになるので、より風味を味わえます。さらに、形が残るので具として味わうこともできます」

K 軽い **KENTARO'S POINT**

ホールトマトをキッチンバサミで切るのは、手もまな板も汚さず簡単だから。
ホールトマトは煮込んでもあまりくずれないので、事前に細かくしておくのがベター！

2 フライパンを熱してオリーブ油をひき、水気を拭いたタコを切らずに並べて強火で焼き目をつける。にんにく、セロリの茎の順に加えて全体に焼き目がついたら、a、オリーブを加える。蓋をして弱めの中火で３０分煮る。

3 塩小さじ¼、セロリの葉を加えて混ぜる。味をみて足りなければ塩、こしょうでととのえる。器に盛ってイタリアンパセリをちらし、こしょうを振る。

太一のイタリアンパセリ

ケ「すごいね、よく考えたら！国分太一が作ったイタリアンパセリを食べるってことだもんね？」
太「そうですよ。ちゃんと、これ用に作ったんですから、僕！この『男子ごはん』用に！」
ケ「すごいですよね？」
太「え？だって、皆やってんじゃないんですか？」
ケ「何か、（カメラマンさんが作った）かいわれ大根しか聞こえてこなかったよね？」
太「…っつーか、ケンタロウさん、自分言ってますけど、何か作ってるんですか？」
ケ「（味見をして、しばらく聞こえないフリ…）オレは、料理を作りますから、それで」
太「すいません…は？」
ケ「…すいません、ホント」
太「（笑）！」

ガーリックポテト

材料（２人分）

じゃがいも：３個
にんにく：２片
揚げ油：適宜
塩：適宜

作り方

1 じゃがいもは芽を取り除き、皮付きのまま２.５㎝角に切って水に５分さらす。にんにくは横薄切りにして芽を竹串で取り除く。

KENTARO'S POINT

太：「どうして皮をむかないんですか？」
ケ：「皮付きの旨味っていうのもあって。土っぽさというか、より濃い味になります」
じゃがいもに含まれるビタミン類は皮の周辺に集中しています。皮ごと調理することで、ビタミンを効率よく摂取できるメリットも！
ただし、芽や緑色化した皮には毒性があるので、必ず取り除いて。

2 フライパンに揚げ油を深さ２㎝入れ、水気をきったじゃがいも、にんにくを加えて中火にかける。たまに返しながらじっくりと揚げる。

D でかい **KENTARO'S POINT**

一般的に揚げ物をする時は油を熱して、そこに食材を投入しますが、ここではフライパンにじゃがいもを並べ、常温の油を注いで点火し、低温から高温に熱していきます。
こうすることで“油はね”を防ぐことができ、外側はカラッと、内側はホッコリと仕上がります。

3 にんにくは色づいてきたら先に引き上げる。

4 じゃがいもに竹串がスーッと通ったら火を強めてカラッと仕上げる。熱いうちに塩を振る。

5 器に４を盛って３を砕きながらちらす。

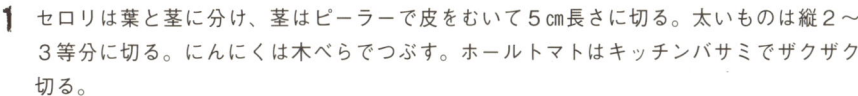

男子ごはんトーク集②
春のおもしろトーク集

#001
春野菜のカレー
2008.04.20 OA

収録第１回：急にテンションが上がる太一

――ケンタロウの料理の説明を聞いて
太「ちょっと待って！料理番組っぽい！あはははは（笑）！！これ、今のコメントとか、超料理番組っぽいんだけど（笑）！！」
ケ「マジっすか？」
太「いいっすね～！すげぇ新鮮！！」

料理人はモテる？モテない？

――包丁使いに苦戦する太一
太「うわぁ～、下手くそだなぁ…」
ケ「大丈夫かなぁ…。でも、この番組が続いてったら、最初はあんなだったよな～みたいな」
太「そうなりたいんですよ！だって、やっぱ料理できる人ってモテるでしょ？」
ケ「料理が仕事じゃなくて料理ができる人は、モテますよ。例えば、銀行員なのにチャーハン作らせたら天才的！みたいなヤツがいたら、たぶんすごくモテますよ」
太「あ～、それはギャップとかありますよね？」
ケ「でもまぁ、オレは、そりゃ作れんだろ！…って感じがするじゃないですか？だから、モテないですよ」
太「すいません、何か。残念な話しちゃって…」
ケ「(笑)！」

太一×ケンタロウ　バンド話

ケ「いつからキーボードを？」
太「１７～１８（歳）じゃないですか？」
ケ「きっかけは？」
太「ぶっちゃけ言うと、もう余ってる楽器がキーボードしかなかった！っていう…」
ケ「(笑)！バンドやる時に？」
太「TOKIOやる時に」
ケ「え？じゃあ、TOKIOが初バンドですか？」
太「コピーバンドで、ウチの地元･東久留米では作ってたんですけど」
ケ「何ていうバンド？」
太「え～っとねぇ～、何だっけ（考）？？…ミッドナイトエンジェル！！」
2人「(大爆笑)！！！」
ケ「だっさ～い！だっさ～い（笑）！！ドラマに出て来る暴走族みたい（笑）！」
太「いいじゃないですか（笑）！ケンタロウさんもバンド組んでるんですか？」
ケ「組んでますよ」
太「何てバンドですか？」
ケ「スカンク兄弟！」
太「(笑)！！それもどうなんすか？思いっきり臭そうじゃないですか！」

#002
手作り餃子
2008.04.27 OA

「きったね～っ！」

ケ「では！(フライパンの上にお皿をかぶせて)」
太「おっ！見せますね～！」
ケ「(焼き餃子をフライパンからお皿へひっくり返すケンタロウ～華麗にキメたかったが…)」
太「きったね～っ（笑）！！」
ケ「だから（笑）！だから～（笑）！！」
太「もっと、うまくいくかと思ったじゃないですかぁ！きったねぇ～な～、びっくりした（笑）！」
ケ「今から盛るから！これは、取るためだけの～！」
太「え？そうなんですか？」
ケ「そうっすよ（笑）！その前に、焼き目がいい！…とか、言ってくんない？」
太「いや～、それよりもショックだったんですよ、何か…。ボトボトボトボトーッつって…」
ケ「そこは、うまくフォローしてほしかったなぁ…」
太「できないですよ、今のは（笑）！」

#003
麻婆豆腐
2008.05.04 OA

ケンタロウの純粋な驚き

太「ちょっと、ほんとに家で料理やりますよ、オレ！で、作ったら見せますよ！今度」
ケ「あ、ほんとですか？…でも、“見せます”って、何！？」
太「(笑)」
ケ「え？“食べさせます”じゃないんだ…」
太「(投げやりに）あ～、じゃあ…食べていただきますよ！」
ケ「(笑)！なんでそんな嫌々なの？すんごい純粋な驚きだったんだけど…（笑)」

いいよ、今日！

――麻婆豆腐の盛り付けを仕上げるケンタロウに
太「いい！ケンタロウさん！いいよ、今日！！」
ケ「(笑）マジっすか？ちょっと（骨）折ってるぐらいの方がいいのかな、オレ…」
太「(笑)！」

ケンタロウの骨折の理由

太「なぜ、ケンタロウさんは骨折してしまったのか？」
ケ「オーストラリアで、波乗りをしていました…」
太「オーストラリアに行って、波乗りをして！折ってしまったと！何日目に折ったんですか？」
ケ「朝（オーストラリアに）着いて、夕方には…」
太「折ってたんですか？ちょっと浮かれポンチだったんですよ、絶対！」
ケ「(笑)」
太「オーストラリアに行ったんだったら（番組用に）写真撮ってきてください…って話しましたけれども、写真はどうしました？撮りました？」
ケ「うぐぐ…。(ケガしたのが）初日ですから、１枚も撮ってません！」
太「…ふざけんなよっ！！」
ケ「(笑)」
太「夜ごはんとか食べたんですか？そういう時は」
ケ「あえて、食べました！骨だ（骨が折れた）と思ってなかったんで、肉で“肉追加！！”みたいな感じで…」
太「ちょっといいですか…バカじゃねぇの（笑）？」
ケ「(笑)！」

#004
初がつおのパスタ
2008.05.11 OA

温泉orオイスターソース？

太「サイドメニューには、必ずオイスターソース！」
ケ「はい。欠かせないものですよ、僕の人生に！」
太「じゃあ、温泉とオイスターソースがあったら、オイスターソースに飛び込みます？」
ケ「そうですね！…って、そんなワケないじゃないですか！！」
太「(笑)！！ノリツッコミまで覚えちゃってるもんね～、料理人が！」
ケ「本当にそういうのよくないと思う！オレ（笑）なんかそういうのテレビで見てたら、すんごいヤだもん！」
太「(笑)！オンエアしますよ、これ！」
ケ「(笑)！」

#005

じゃがいものコロッケ

2008.05.18 OA

ケンタロウ入院話 ～看護師さんは天使

太「（骨折して）何週間くらい入院してたんですか？」

ケ「え～っとね、２週間ぐらい…」

太「でもあれじゃないですか？看護師さんとの交流もあるワケじゃないですか？」

ケ「はい、ありますよ」

太「で、しかも、自分が弱ってる時の看護師さんって、もう…ほんとに好きになっちゃうじゃないですか？」

ケ「天使ですよね？」

太「天使ですよね？かわいいコいたんですか？」

ケ「いましたよ！」

太「へぇ～！もしかしたら、夜、何かあるんじゃないか…みたいな期待はやっぱするんですか？」

ケ「え？コレ、言っていいの？」

太「（笑）！」

ケ「（スタッフを疑いながら）またさぁ～、何か変なトコ（オンエアで）使ったりするから…」

太「いやいや、どうなのかな～と思っただけです、ただ」

ケ「（小さめの声で）…思いますよね？」

太「！…そんなこと思ってるんですかぁ～～！？」

ケ「あ゛————！！！
あ゛——————！！！！！」

太「（笑）！！」

餃子型のコロッケ

——コロッケをケンタロウに言われた俵型ではなく、餃子型に成形した太一

太「（楽しそうに）これ餃子っぽくないですか？餃子型！」

ケ「あのねぇ…ちょっと一つ言い忘れてました」

太「はい」

ケ「あんまり厚みに違いがあると（揚げにくい）…」

太「（残念そうに）じゃあ、餃子型は却下ということで…」

ケ「でも、やってみよ！！」

太「（笑）！」

ケ「やっぱり、何事もやってもいないのに、（最初からできないと）言うのは、オカシイ！」

太「自分が言ったんじゃないですか（笑）！！」

#006

和風あんかけオムライス

2008.05.25 OA

見てください！

——捨てたえのきが、シンクの中の金属の棒に生えてるように立ち…

太「見てください！」

ケ「生えてるよ、生えてるよ～！」

太「今、捨てようと思ったんですよ！そしたら、中心にこう…」

ケ「（笑）！それ一つ、奇跡ですよね？」

太「奇跡ですよ、これ（興奮気味）！生えてきてますよ、完璧に！」

ケ「生えてきてますね！」

太「こんな料理番組、ないですよねぇ（笑）？ココ映して、見てください！っていう…」

ケ「３台集まってきてたからね、カメラが（笑）！」

太「いいアングルで撮ってる（笑）！」

今日のメインイベント！

ケ「いよいよ、ここからメインイベントですよ！オレの方が汚かったら、どうしよう…」
（#002手作り餃子のフライパンのくだり参照）

太「それはもう、残念な結果ですね…」

ケ「（笑）」

——卵を焼き、炒めたごはんを載せ、いよいよフライパンからお皿へひっくり返す工程へ

ケ「…そうしたら！」

太「きたぁ～！頑張ってください！！」

ケ「いやいやいや…（笑）大丈夫（笑）！！（フライパンの上に直接お皿をかぶせるケンタロウ）」

太「ケンタロウ！ケンタロウ！！（手拍子を打ちながら応援する太一）」

ケ「（卵をお皿へひっくり返し）で、こういきますね！この状態のままでは平べったいじゃないですか？キッチンペーパーで、１回別のお皿に移します！」

太「うわうわうわうわ！手で！！」

ケ「これを、ここ（お皿の上）で！」

太「うわ！全て！素手で！うわうわうわうわ（笑）！！」

ケ「（キッチンペーパーを使って）包む！」

太「包む！手で（笑）！！」

ケ「手で、形を、作る！」

太「びっくりしたぁ～（笑）！オドロク技ですねぇ～！…どうしようかなぁ？オレ、そのやり方やめようかなぁ？」

ケ「（笑）」

——続いて、太一も挑戦！

太「（卵を成形しながら）あ…でもオレ、何かケンタロウさんより美味しそうな感じになってきた！（キッチンペーパーを外し）ほら！オレの方がいいじゃないですか（笑）！」

ケ「オッケ、オッケ！」

太「（ケンタロウが作ったオムライスの卵の端を指差し）ココ見て、見て！皆さん見て、ココ！ブリブリブリブリーってなってる（笑）！ブリブリブリブリーってなってますよ（笑）！！（得意気に）オレの方がスマートでしょ？」

ケ「太一くんの方がいいね！これはもう100パー、こっち（太一くん）の方がいい！」

太「（笑）！！」

ケ「これ、オレどうしようかなぁ～。この番組…。信用を失うよね？オレよく、盛り付けが綺麗だって言われるんですけど…」

太「（ケンタロウが作ったオムライスを見ながら）…え？ホントですか！？」

ケ「（笑）！！」

#007

カレイの煮つけ定食

2008.06.01 OA

カレイの卵

ケ「（カレイの切り身を手に取り）これ、すごいですね～！」

太「すごいですね～！」

ケ「（卵が）入りすぎだよね！」

太「ＡＤとかが入れたんじゃないですか？ギュッて」

ケ「（笑）」

面倒臭いから？

——カレイを煮る工程に入るところで

ケ「今日は、フライパンで！」

太「またフライパン！これ、面倒臭いから？」

ケ「（笑）！違う、違う！…ごめん、今、のることもできなかった（笑）！」

ケンタロウズポイント 記念すべき初ポーズ！

太「ちょっと待ってください！今、ここ、例の…ケンタロウズポイントじゃないですか？」

ケ「それさぁ、それさぁ～（笑）」

太「（ポーズ）やった方がいいんじゃないですか？」

ケ「ちょっと待って、ちょっと待って！（腕で汗を拭いながら）あのさ～、決まってないよね？」

太「（親指と人差し指をＬ字型に立て、ポーズを指南する太一）」

ケ「（観念して、カメラ目線でポーズをキメるケンタロウ）」

太「えへへへへ、きたぁ～っ！１回目の（笑）！！」

ケ「（ポーズをキメ続けるケンタロウ）」

男子ごはんトーク集❷
春のおもしろトーク集

太一劇場 ～部下を連れて帰った亭主編

――カブの付け合わせを二品作ったところで（：以下、『』は、全て芝居口調で）

太「簡単ですよ、これほんとにね。急に『お～い、部下連れてきたぞ～！』って時に。夜にね」

ケ「これで、二つできちゃう。カブがあれば」

太「そうですよ！『わりぃ！わりぃな、わりぃな！』って言って（笑）」

ケ「（笑）！そういうの、やってみたいよね？オレもやってみたい、それ！」

太「…っていうか、そういう家、ほんとにあるんですかね（笑）？ドラマでは見ますよ」

ケ「よく見る！あるのかな？」

太「どうなんすかねぇ。『お邪魔します！うわぁ～、いい家ですねぇ～！』って、入ってくワケですね（笑）？」

ケ「入ってく、入ってく（笑）！」

太「部下がね（笑）！」

ケ「『奥さん、すいません…』みたいな」

太「『奥さん、全然綺麗じゃないっすか～！』っていうような…（笑）」

ケ「あるある（笑）！」

#008
しょうが焼き丼
2008.06.08 OA

オレ悪いの！？

――食材説明で

ケ「まずは、豚肩ロース薄切り肉！」

太「薄切りなんですか？」

ケ「お店とかだとよく、ちょっとブ厚い、豚テキみたいなのが出てくるじゃないですか？でも、今日は、なんてことない豚肉ですよ！」

太「“なんてことない”って言ったら、失礼じゃないですか？豚肉に」

ケ「いやいやいやいや…（笑）おかしくない（笑）？ちょっと待って…オレ悪いの（笑）！？」

太「豚肉に謝った方がいいですよ、ちゃんと！」

ケ「…ほっんと、申し訳ない！」

太「（笑）！」

ケ「次（の食材説明）いっていいかな？（キャベツを手に取り）これまぁ、あれですよ…、なんてことないキャベツ！」

太「（笑）！」

ずっと帽子をかぶっているケンタロウ

太「ちょっとね、気になってるんですけど、ケンタロウさんって、ずーっと帽子かぶってるじゃないですか？」

ケ「ほぼ暮らして起きている時間の８割以上、帽子かぶってる気がしますね」

太「え？それ、なんでですか？あの～、あ…あんまり聞かない方がいい話ですか？これは…」

ケ「あるから髪は（笑）！髪はあるから（笑）！！」

太「あ…大丈夫ですか…。よかったよかった！」

ケ「ある、ある（笑）！毛根も元気！！」

2度目のケンタロウズポイントポーズ ～またもや太一にのせられたケンタロウ

――料理のポイントを言い終えたケンタロウに

太「…そ・れ・が！」

ケ「（ポーズを取ろうとしたものの、笑ってできず）これね、この前ほんとにやんなきゃよかったって思ったんだけど～（笑）」

太「いやいや、これ、『男子ごはん』のイベントやった時に、それが出た瞬間、『キャ～！！』って言われますよ！」

ケ「マジっすか？…じゃあ、やろうかな（笑顔）！」

太「…そ・れ・が！！」

ケ「（笑顔でカメラ目線の決めポーズを作り）ケンタロウズポイント！！」

太「（笑）！お～、決まりましたね～！出ました！ケンタロウズポイント出ました！」

ケ「…ほっんと辛いよね（笑）ケンタロウが“ケンタロウズポイント”って言わなきゃいけないっていう辛さ…」

太「（笑）！」

#009
3種のパンランチ
2008.06.15 OA

太一の思い込み　その①

――ホームベーカリーの本体の機能ボタンを見て

太「ここ、よーく見ると、（得意気に）ケーキもできるし、うどんもパスタもモチもできるんですよ！」

ケ「うどん・パスタ・モチは、これでこねられるってことですよね？」

太「あ～、なるほどね（笑）！」

ケ「これでまさか、切ってくれないでしょ？蓋をパッて開けたら、うどんが釜揚げうどんとかになってないでしょ（笑）？」

太「（笑）！」

太一の思い込み　その②

――フランスパンを仕込んだホームベーカリーの蓋を開ける直前

太「え？フランスパンって、あのフランスパンになるんですか？あの長細い？」

ケ「ならなくない？普通は（笑）！」

太「ビューーンって（笑）！蓋開けたら出るんじゃないんですか？」

ケ「フランス人が、小脇に抱えてるやつでしょ？…ならなくない（笑）？」

ユンボがUターン

太「（料理の最中に窓の外を見て）すっごい、工事が始まった！」

ケ「え？あれ、海の上にユンボが！」

太「何これ？向こうの作業とこっちの作業の差がすごいね～」

ケ「（笑）！」

太「ウチら、パンだからね…作ってんの。う～わ、何で回ってんだろ？何なんだろ？あの作業…」

ケ「何の作業してんの？」

太「Uターン…！あれでUターンしたなんて、すっげぇ荒業じゃん！」

ケ「え？あのユンボの先を基点にして、Uターンしたってこと？」

太「何だろ～、すっげぇ興味あるわ～。おもしろいとこでロケやってるな～、僕ら！」

ケ「もう、言うこと（料理工程）忘れたもん（笑）！」

太「（笑）！」

#010
タコのトマト煮
2008.06.22 OA

しっかりしてくださいね！

ケ「次、タコ切っちゃおうかな～」

太「うん。タコを…」

ケ「タコです！（と言いながら、タコをまな板の上に置くも…）あ！うそうそ…タコは全然切らなくてよかった。（と、タコをバットに戻す）」

太「ちょっと待ってください！切らないんですか？タコは！」

ケ「…切らないんですよ」

太「じゃあ、なんで“切る”って言っちゃったんですか（笑）？」

ケ「つい、（並んでる食材を）見てて、順番で言ったら、にんにくやる前にタコ切った方が、まな板汚れないな～って、まな板のことばっかり考えてたんですよ。でも、タコはそもそも切らなくていいな～って…」

太「それを忘れてたワケですか？」

ケ「すいません…」

太「しっかりしてくださいね（笑）！」

ケ「まぁ、普通にそうですよね（笑）」

初・ＫＰ（ケーピー）

ケ「これ、ポイント！ケンタロウズポイント。略して…ＫＰ（ケーピー）！！」

太「へへへ（笑）ノッてきましたね～。自分で言うようになりましたね～！」

ケ「そのうち、歯とか光らせてくれたりとかすんのかな（笑）？」

太「（冷静に）そんなお金ありません！」

ケ「え？そうなの？そうなの？音で精一杯（笑）？」

にんにくのニオイ消し

太「にんにくって、料理してる時って、すごい手にニオイがつくじゃないですか？」

ケ「つきます！」

太「そのニオイを取る方法とかってあるんですか？」

ケ「とにかく……すぐ洗うこと！！」

太「ははははは（笑）！そんなのね！そんなのテレビで言わなくても、大体分かりますよ！違う方法を聞いてるワケですよ！！」

ケ「だって、聞くからさぁ…」

太「料理研究家でしょ？だって。そのぐらい何か研究してんじゃないんですか？」

ケ「オレは料理研究家だけど、指のニオイ取り研究家じゃないから…」

太「（笑）！」

SUMMER

男子ごはんの夏。

小林家秘伝！　初夏にぴったり！　スピーディーに作れる、具

SUMMER

011

うなぎちらし寿司

あさりのお吸い物／昆布のごまかつお和え

2008.06.29 OA

photo by TAICHI

夏が近づき、うなぎの季節到来！　ということで、栄養満点のごちそう寿司にトライ。市販のうなぎの蒲焼を使って手軽に、そして緑の野菜をたっぷり盛って色鮮やかに仕上げます。ちなみに、トッピングの一つにしたのは、番組スタッフ（カメラマン・樋地氏）が育てた“かいわれ大根”。太一に触発されて家庭菜園を始めたとか。そんな、まさに“チーム”で作り上げたお味は…太「色んな食感が飛び込んで来る！　酢飯とそうじゃないところと…うわ、山椒が来た！」、ケ「来たでしょ？」、太「おぉ～、これいい！　すごく美味しい!!」、ケ「でも、キツすぎないでしょ？　山椒も」、太「そうなんですよ。佃煮がいいんでしょうね」と、さまざまな食材が織り成すハーモニーは絶妙！

昆布のごまかつお和えは、あさりのお吸い物のだしを取り終えた昆布を「もったいないじゃないですか！　何か作りましょうよ」という太一のムチャぶりで誕生したレシピ。即興で味見しながら作った一品ですが、コーレーグースの隠し味が大成功。上品なだしの旨味を味わえるお吸い物との相性も◎です！

だくさんのちらし寿司

うなぎちらし寿司

材料（4人分）

うなぎの蒲焼：大2串
きゅうり：½本
三つ葉：½束
青じそ：10枚
山椒の実の佃煮：大さじ1～2
しば漬け（粗みじん切り）：大さじ3
温かいごはん：茶碗4～5杯分
a 酢：¼カップ
　砂糖：大さじ1
　塩：小さじ½

作り方

1 うなぎは縦半分に切ってから1㎝幅に切り、電子レンジで温め、添付のたれを回しかける。
2 きゅうりは輪切りにする。三つ葉は1㎝長さに刻む。青じそは粗みじん切りにする。
3 aを混ぜ合わせる。
4 器にごはんを盛って様子をみながら3を全体に回しかける。1、2、山椒の実、しば漬けを美しくちらす。

KENTARO'S POINT

すし酢は、ごはんに“かけるだけ”で混ぜない。
太：「混ぜないとムラになりませんか？」
ケ：「ムラが出るのがいいんです。米本来の甘いところがあって、酢がきいているところがあって。混ぜないことでそれぞれの味を楽しめ、飽きずに食べられます」

KENTARO'S POINT

山椒の実の佃煮をトッピングするとピリッとした大人の辛さが味わえる。
太：「うなぎには普通、粉山椒をかけますよね。（山椒の実の佃煮は）他は何に使えますか？」
ケ：「煮物系、鶏肉の煮物にもよく合います」

5 各自取り皿に取って混ぜながら食べる。

あさりのお吸い物

材料（4人分）

あさり（砂抜き済み）：200g
だし用昆布：5×5㎝
みりん：大さじ½
しょうゆ：少々
塩：適宜
鞠《まり》麩《ふ》、青ねぎ（小口切り）：各適宜

作り方

1 鍋に水4カップとだし用昆布を入れて30分浸す。
2 あさりは殻をこすり合わせながらよく洗う。
3 1を火にかけてフツフツしてきたら昆布を取り出す。2を加えてアクを取りながら加熱する。あさりの口が全て開いたら、みりん、しょうゆ、塩小さじ¼を加えて混ぜる。
4 味をみて足りなければ塩でととのえる。鞠麩を加えてひと煮する。
5 器によそって青ねぎをちらす。

昆布のごまかつお和え

材料（4人分）

あさりのお吸い物のだし用昆布：5×5㎝
かつお節（ソフトパック）：½パック
黒すりごま：大さじ½
ごま油：小さじ1
しょうゆ：小さじ½～1
みりん：小さじ½
コーレーグース：適宜

作り方

1 昆布は細切りにする。
2 全ての材料を和える。

夏にこそ、あっさりテイストの天ぷらを！　食感が楽しい太一

SUMMER

012

夏野菜の天丼

カブの葉のオイスターソースがけ
カブの浅漬け（P.38）
2008.07.06 OA

暑い時期、どうしてもおっくうになりがちな揚げ物も、ケンタロウ流にフライパンを駆使すれば簡単＆スピーディーに作れます。揚げ上がりのイメージは、季節野菜に衣を薄めにつけてサックリと、なおかつ鮮やかな色合いを目指して“野菜類→エビ”の順番で揚げていきます。太「うわぁ～、うまい!!　普通の天丼よりあっさりしているので、夏にはピッタリですね！」、ケ「うん、この軽さが…」、太「ほんとに軽い！」と、しつこくない味わいに箸が進む、進む！
太一が初披露したオリジナルのレシピは、天丼とよく合うさっぱり味の浅漬け。太「昆布茶ってすごいですよね？　飲むだけじゃなくって」、ケ「調味料としても使える！」。“カブと昆布茶だけ”というシンプルな材料ながら止まらなくなる美味しさで、ポリポリした食感も楽しい！　昆布茶の活用法の一つとして、ぜひお試しを。
#011に続き、太一のムチャぶりから誕生したケンタロウの即興レシピは、余ったカブの葉を有効活用できる優れもの。オイスターソースのこってりした味わいが、ごはんによく合う！「やばい、普通に食ってるわ、今日も…」と大満足の太一でした。

photo by TAICHI

オリジナルの浅漬けを添えて

夏野菜の天丼

材料（２人分）

むきエビ：120ｇ
ナス：１本
ズッキーニ：½本
青じそ：４枚
みょうが：１個
衣［卵１個＋水：１カップ
　薄力粉：１カップ
薄力粉、揚げ油、片栗粉：各適宜
a［めんつゆ（つけつゆの濃さ）：¾カップ
　砂糖：小さじ½
温かいごはん：適宜

作り方

1 ナスは縦４等分に切って塩水（分量外）に５分さらし、水気をしっかり拭く。ズッキーニは５㎜厚さの輪切りにする。みょうがは縦半分に切る。
2 エビはボウルに入れて片栗粉を加えて混ぜ、流水でよく洗う。水気を拭いて背ワタがあれば竹串で取り除く。
3 小鍋にａを合わせて火にかけ、フツフツしてきたら火を止める。
4 卵と水を合わせて１カップにし、ボウルに入れてよく混ぜる。そこに氷を６〜７個加え、薄力粉を加えてザッと混ぜる。フライパンに揚げ油を深さ３㎝入れて低温に熱する。

KENTARO'S POINT

衣は混ぜすぎないように。多少、粉っぽさが残っていても大丈夫！

KENTARO'S POINT

氷を入れて、衣を冷やす。
ケ：「衣を冷やすのは、天ぷらの基本です」
太：「それはなんでですか？」
ケ：「揚げ上がりをサックリさせるためなんですけど。衣を混ぜすぎたり、温度を上げたりすると、粘り（グルテン）ができてしまってサックリ揚がらないんです」

5 １の野菜と青じそは薄力粉少々をまぶし、４にくぐらせて軽く衣をつけ、フライパンに入れて中火で揚げる。衣が固まってきたらたまに返しながら揚げる（揚げバットの奥の方からなるべく立てて並べると油切れがよい）。

KENTARO'S POINT

揚げ油の温度は、こまめに調節すること。
調理中、フライパンを火にかけたままにしていると、油の温度がどんどん上がってしまう。
適宜、火を弱めたりして一定にキープすることをお忘れなく！

6 ４の衣が水っぽくなってきたら薄力粉を少量加えてザッと混ぜる（混ぜすぎない）。
7 ２に薄力粉少々をまぶし、６にくぐらせて軽く衣をつけ、中温に熱した揚げ油に加えて中火で揚げる。衣が固まってきたらたまに返しながら揚げる。衣がカリッとしてきたら油をきって取り出す。
8 器にごはんを盛って、５、７を３にからめてから載せ、好みで３のたれをかける。

カブの葉のオイスターソースがけ

材料（２人分）

カブの葉：１束分
a［オイスターソース：大さじ½
　水：大さじ１
ごま油：大さじ１
塩：少々

作り方

1 フライパンを熱してごま油をひき、カブの葉を入れて塩を振り強火で炒める。少ししんなりしたら器に取り出す。
2 ａを混ぜ合わせて１にかける。

太一レシピ
TAICHI RECIPE

太一のオリジナルレシピ、堂々初公開！

果たしてケンタロウに匹敵する絶品メニューの誕生となるか…!?

カブの浅漬け

材料（２人分）

カブ：２個
昆布茶の粉末：適宜

作り方

1. カブの葉を落としてから皮をむき、いちょう切りにする。
2. カブをビニール袋に入れ、昆布茶の粉末を入れて、もむ。

TAICHI'S POINT

カブを漬け込む時に密閉式のビニール袋を使うと、味がよくなじみます。

TAICHI'S POINT

唯一の調味料、昆布茶の分量は「テキトー」で!!

3. 冷蔵庫などで、１０分程おいておく。

集中して！
ここ（カブの実と葉の境目）を切ります！

皮をむいてください。
これ、あっという間にできますよ！

これで、１０分ぐらい冷蔵庫に入れておいて…

COOKING!! TALKING!!

太「カブの浅漬けなんかをね！」
ケ「ほぉ！」
太「作ってみようかな…と。食感とかもねっ！食感のことを考えてちょっと…」
ケ「素晴らしい！」
太「ちゃんと作りますよ、今日は僕が！」
ケ「じゃあ、オレ、習いますよ！」
太「はい。まず！カブを！用意してください！」
ケ「まぁまぁまぁ、そうだよね？カブの浅漬けだもんね（笑）！」
太「そして、集中して！ここ（カブの実と葉の境目）を切ります！」
ケ「集中して！…っていうのは、何に（笑）？」
太「静かにしてください！（切り終え）…集中しました。で、皮をむいてください。これ、あっという間にできますよ！」
ケ「…皮をむく。はい」
太「で、いちょう切りってやつですか？」
ケ「いちょう切り。…じゃあちょっと教えていただけますか？」
太「（小声でぼそぼそと）こうやって切って…こう切ればいいんですよね？」
ケ「そうそうそう（笑）！４等分でいいですか？」
太「（遮るように）集中してください！！」
ケ「はい（笑）」
太「まぁ、これは別にどう切ってもいいんですけども、まぁ浅漬けですから、染み込むように…」
ケ「ちょっと薄めに…」
太「うん、薄めに切った方が美味しいと思います！はい、切りました！そしたら、こういうのあるじゃないですか？（密閉式ビニール袋）…に、入れちゃいます！これがね〜、大事な…あ！タイチーズ・ポイント！！」
ケ「（笑）！」
太「…ですっ！！」
ケ「来たねー（笑）！」
太「はい！」
ケ「これの方がやっぱり漬かりもいいってことですね？」
太「はい。そしてもう１個…（大げさなキメ顔で）タイチーズ・ポイント！！」
ケ「あはははは（笑）！！」
太「昆布茶を入れちゃうんですよ！」
ケ「そこに入れちゃう？」
太「はい。どのぐらいかは…もうテキトーで（笑）！」
ケ「えへへへへ（笑）！！」
太「これで終わりですよ！」
ケ「えっ！？」
太「これで、１０分ぐらい冷蔵庫に入れておいて…」
ケ「カブと昆布茶…、だけ？」
太「だけ！これがね〜、す〜ごいうまいんですよ！」
——味見
太「これなんだよ〜！ほんとにやめられない！ちょっといってください、これ！すんごいうまいから！」
ケ「（食べて）あ！うま〜い！！」
太「これ、ほんとうまいっす！ちょっと昆布茶入れすぎましたけど、水が出るんで」
ケ「うん、全然大丈夫！」
——冷蔵庫で冷やし、再び味見
太「うまいっっ！！」
ケ「（天ぷらを揚げながらも手が伸び）うまいね！」
太「いいですよね？」
ケ「またさっきと変わったね！カブの食感もやわらかくなったし。あ〜、うまいね〜！（と言いながら、食べ続けるケンタロウ）」
太「なくなっちゃうよ〜（笑）！」
ケ「（笑）」
太「昆布茶ってすごいですよね？飲むだけじゃなくって、そうやって…」
ケ「調味料としてね！」
太「調味料として！」

★男子ごはんトーク集❸
夏のオープニングトーク集 前編

#011
うなぎちらし寿司
2008.06.29 OA

それがプロの仕事！

太「さぁ、ケンタロウさん！この番組も、もう気付けば、１０回を超えてるんですって！」
ケ「そのうちオレ、半分以上骨折してるけど…」
太「そうですよ（笑）」
ケ「ほんとにオレ、友達とかから、『なんでお前だけ（料理中に）座ってるのか？』…と」
太「僕だったらですよ、骨折していても、『男子ごはん！』って言ったあとは、ちゃんと頑張って立ちますよ！」
ケ「（爆笑）！！」
太「僕、それがプロだと思うんですよ！」
ケ「（爆笑）！！
え？ホント？そんな何か死ぬ気で立ち上がってるヤツに料理とか習いたくないよね？日曜の昼間に…」
太「（笑）」
――番組タイトルコール
太「じゃあ、いつものアレ、いきましょうか！」
ケ「やっちゃいますか！」
太「せーの！！」
2人「男子・ごはん！！」
ケ「（頑張って椅子から立ち上がるケンタロウ）」
太「あ！立ったぁ～（笑）！！立ったぁ～～っっ（笑）！！」
ケ「（頑張ってキッチンの方に歩いて向かうケンタロウ）」
太「あははははは（笑）！！」

#012
夏野菜の天丼
2008.07.06 OA

スタッフの短パン率

太「ケンタロウさん！僕、思うんですけども、スタッフさんの短パン率がすごく増えてきたと思いません？」
ケ「増えてきた！もう、制服にしたいぐらいです！」
太「ねぇ？で、今日短パンをはいてきてない人も、例えばカメラさんとかは、（ズボンの裾を）めくってくれたりとかして、ちゃんとリゾートな気分にはしてくれてるんですよね？」
ケ「連帯意識がね！いいですよね？」
太「いいです！こういう気分でスタッフさんもいてくれて、一緒に参加してくれるとね！」
ケ「うれしいですね！」
太「うれしいですよね！」

#013
冷やし担々麺
2008.07.13 OA

視聴者の皆さんからのハガキ

太「ケンタロウさん！視聴者の方に、この番組の感想だったり、あと、にんにくのニオイはステンレスを触るとなぜ消えるのか？っていうようなことを募集したの、覚えてます？」
ケ「はい、覚えてます、覚えてます！」
太「そしたら、なんと！この番組に！感想含め！ハガキが！！」
ケ「ほぉ！来ましたかぁ！」
太「………５通」
ケ「（笑）！」
太「同じ方が２通出してるっていうことらしいので…」
ケ「あはははははは（笑）！…え？正味４人（笑）！？」
太「正味４人（笑）…は、確実にこの番組のファンですよ！ケンタロウさん…、ガンバロ！！」
ケ「頑張らないとね…」

#014
エビマヨ
2008.07.20 OA

太一が反省？？

太「ケンタロウさん、僕…、反省してます。（神妙な顔で、頭を下げる太一）」
ケ「（？）」
太「この番組、収録が終わって、オンエアの日を楽しみにしてるんですよ」
ケ「はい」
太「そうすると、びっっっっくりするぐらい、ケンタロウさんをイジってるんですよ、僕が！」
ケ「へへへへへへ（笑）！」
太「たぶん、まわりのケンタロウさんファン…、まぁ、少ないと思いますけどもぉ！」
ケ「いやいや…（笑）！
そこそこ！そこそこ！そこそこ（笑）！！」
太「あれ（笑）？でもそういうところはね、ちょっと反省はしてるんですよね～」
ケ「マジで（笑）？」
太「なんで、もうあの～、今日から僕は！」
ケ「おっ！」
太「（淡々と、心ない感じで）尊敬の眼差しでぇ！ケンタロウぅを！」
ケ「何？いや…、呼び捨て（笑）？呼び捨て（笑）？」
太「（笑）！今日もねぇ、尊敬させてくださいよ、だから！」
ケ「…あ！なんでそんな『尊敬させてくださいよ！』的な。ねぇ（笑）？」
太「あはははははは（笑）！」
――番組タイトルコール
太「じゃあ、いきましょうか！せーの！！」
ケ「ダン…！
（一人でやらされたことに気付き、悔しさで机に突っ伏すケンタロウ）
ククククク…、ククククク……」
太「（うれしそうに）恥ずかし～っ！何やろうとしたんですか？今（笑）！」
ケ「おかしくない？いつも以上じゃない（笑）？」
太「長いよ、ケンタロウさん。やろう、もう！」
ケ「ククククククク……」
太「せーの（笑）！」
2人「男子・ごはん（笑）！！」
太「あはははははは（笑）！！ホントひどいね、僕（笑）！」
ケ「な～んか、納得いかなぁい！」

“夏に食べたくなる物”といえば、冷たい麺。ツルッと喉ごし

SUMMER

013

冷やし担々麺

ピータン豆腐

2008.07.13 OA

photo by TAICHI

“担々”とは、中国の成都地方の方言で、“天秤棒”を意味します。その昔、担々麺は天秤棒を担いで売られていたので、この名前がついたとか。そんないわれのある“担々麺”は、ご存知、ピリ辛味が恋しくなる夏の定番メニュー。冷たいシコシコ麺にキリッと冷やしたスープがからみ、熱々の肉みそが味と食感に変化を与える…という黄金トリオ。それぞれが三位一体になった時の味は、例えようのない美味しさです。太一も、「うまいよ！　これはやばいなぁ…」と至福の一言。仕上げにたっぷりかけた石垣島ラー油との相性も抜群です。太「夏バテしている時とか、本当にいいですね。スタミナもつくし」、ケ「でも、さっぱりしているじゃないですか？　酸味もあって」、太「肉みそもいいですね～」、ケ「そうなんですよ、これは濃いめに仕上げておいて、麺と一緒に食べるとちょうどいい」

調理中はそのニオイに絶句していたピータンも、担々麺にぴったりの一品に。

太「お豆腐のサッパリ感と、ピータンのコッテリ感。これはヤバイな～。ごま油との相性もいいですしね！」

最高のウマ辛麺で、スタミナチャージ！

冷やし担々麺

材料（２人分）

中華麺（冷やし中華用でもよい）：２玉
たれ
- 水：500cc
- 白ねりごま：大さじ３
- 白すりごま：大さじ２
- みそ、オイスターソース、酢：各大さじ１½
- 砂糖、ごま油、しょうゆ：各大さじ１
- 豆板醤：小さじ１～２

豚ひき肉：120ｇ
長ねぎ：10㎝
にんにく：２片
しょうが：１片
ごま油：大さじ½
白いりごま：大さじ１～２
酒、しょうゆ、オイスターソース：各大さじ１
ニラ（５㎜幅に刻む）：適宜
塩、こしょう、ラー油：適宜

作り方

1 たれを作る。ボウルに白ねりごま、白すりごま、みそを合わせてよく混ぜ、なじんだら水を少しずつ加えて溶き混ぜる。残りの材料も加えて混ぜ、ラップをして冷蔵庫でしっかり冷やす。

KENTARO'S POINT

担々麺のたれを作る時は、水を入れる前に、白ねりごまとみそを混ぜること。
そうすると、あとから水を入れても分離しません。

KENTARO'S POINT

ケ：「スープはとにかくしっかり、冷蔵庫で冷やしてください」
太：「だから最初にスープを作るんですね！」

2 長ねぎ、にんにく、しょうがはみじん切りにする。

3 フライパンを熱してごま油をひき、２を中火で炒める。しんなりしたら豚ひき肉を加えてほぐしながらよく炒める。色が変わったら酒を加えてザッと炒め、しょうゆ、オイスターソース、白いりごまを加えて炒め合わせる。味をみて足りなければ塩、こしょうでととのえる。

4 麺は袋の表示通りに茹で、流水で洗ってから氷水に入れてしっかり冷やす。

KENTARO'S POINT

盛り付けの直前に、肉みそを温める。
ケ：「冷たい麺に熱い肉みそが載っているっていうのが大事なんですよ」

5 麺の水気をきって器に盛り、１を注ぎ、３を載せてニラをちらす。好みでラー油をかける。

ピータン豆腐

材料（２人分）

ピータン：１個
豆腐（絹）：½丁
長ねぎ：10㎝
しょうが：½片
a
- ごま油：大さじ１
- オイスターソース、しょうゆ：各大さじ½

ごま油：適宜

作り方

1 ピータンはよく洗って泥を落とし、殻をむいて１.５㎝角に切る。長ねぎはみじん切りにし、しょうがは千切りにする。

2 ボウルにａを混ぜ、１を加えて和える。

3 器に豆腐を盛って２をかけ、ごま油をたらす。

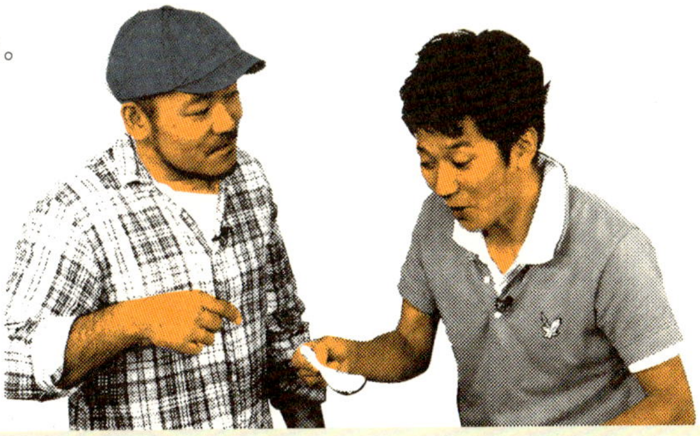

ピータンとは？
アヒルの卵に石炭や木炭を混ぜた粘土などを塗りつけ、その上からもみ殻をまぶし、土の中などで２～３ヵ月間熟成させたもの。

超簡単な工夫で、プリップリのエビマヨが完成。濃厚なマヨソ

SUMMER

014

エビマヨ

2008.07.20 OA

一見、難易度が高そうな中華のごちそうメニュー、エビマヨも、ケンタロウ流のコツを押さえれば難なく作れます！　大切なのは、エビの下ごしらえと、カラッと揚げること。エビがこんがり揚がったら、あらかじめ作っておいたマヨネーズソースにからめるだけで完成。太「プリップリですよ!!」、ケ「そうでしょ～？」、太「これはやっぱり、プリップリにするのが条件ですね！」、ケ「そうなんですよ。やわらかいけど、プリップリというのが、ね」と、エビ本来の食感をより引き出すことで、美味しさがアップ！

エビせんべい＆春雨は、作る段階からテンションが上がる一品。太一＆ケンタロウも、揚げたてをつまみ食いしながらの調理…となりましたが、これも『男子ごはん』的、料理の楽しみ方。「何がいいって、あの揚げたての温かいのが、まずうれしいじゃないですか」と、ケンタロウも断言。シャキシャキした千切りのレタスと一緒にエビマヨや付け合わせをほお張れば食感がさらに変化し、飽きずに食べられます。

photo by TAICHI

ースとエビの食感をお楽しみください！

エビマヨ

材料（2～3人分）

エビ（大）：8～10尾
a［酒：大さじ1
　 塩：1～2つまみ
片栗粉、揚げ油：各適宜
ソース
［長ねぎ：10㎝
　おろしにんにく、おろししょうが：各少々
　マヨネーズ：大さじ2
　粒マスタード、ごま油：各小さじ1
　砂糖：小さじ½
　塩：少々
春雨（じゃがいもでんぷん）、エビせん：各適宜
レタス（太め千切り）：適宜

作り方

1 ソースを作る。長ねぎはみじん切りにし、全ての材料を混ぜ合わせる。
2 エビは殻をむいてボウルに入れ、片栗粉少々を加えて混ぜてから流水で洗う。水気を拭いて背開きにし、背ワタを取り除く。ボウルにエビを入れてaを加えて混ぜる。

KENTARO'S POINT

エビに片栗粉をまぶして洗い流すのは、臭みと汚れを取るため。

KENTARO'S POINT

エビは背開きにする。背ワタを取り除きやすく、なおかつ身も大きく見え、歯ごたえがよくなる。

3 フライパンに揚げ油を深さ2㎝入れて中温に熱する。2に片栗粉をまぶしながらフライパンに次々入れて中火で揚げる。衣が固まってきたらたまに返しながら揚げる。表面がカリッとしてきたら火を強めてカラッと仕上げる。
4 3の揚げかすをしっかり取る。3の油を中温に熱し、エビせんを中火で揚げ、ふくらんだら油をきって取り出す。続いて油を高温に熱し、春雨を入れて揚げる。ブワッとふくらんだら返して両面を揚げる。
5 1に3を入れて和える。
6 器にレタス、砕いた春雨を敷き、上に5のエビを盛る。エビせんを添える。

オリジナルマグカップ完成！

太「すごい2ショットだね、これ（笑）！オレのパンダの方が、お兄さんっぽいですね？」
（向かって左側が太一作、右側がケンタロウ作）
ケ「そうですね。（自分の方のパンダは）ちょっとこう…あとからついてきたっぽい…」
太「『おぉ～、早く来いよぉ～！』（マグカップで小芝居をしだす太一）」
ケ「『待ってくれよぉ～！』みたいな感じで。（急に我に返り）…なんでオレ、こんな小芝居してんだ？料理家なんすけどね…」
太「（笑）！」

夏バテ解消にオススメ！　野菜もお肉もたっぷり楽しめる、沖

SUMMER

015

ゴーヤチャンプルー

豚肉と春菊のジューシー風混ぜおこわ

2008.07.27 OA

ここ数年で定番人気メニューになった沖縄料理、ゴーヤチャンプルー。ゴーヤの下ごしらえさえポイントをつかんでしまえば、短時間でスピーディーに作れます。材料を炒める段階で加える調味料で決め手になるのは、沖縄の特産焼酎・泡盛。料理酒とはひと味違った濃厚な香りが特徴的で、さらに旨味がUP!!　仕上げには、太一も「大好き！　俺はドボドボ（かける）派ですよ」というコーレーグースを好みで振りかけ、沖縄気分を満喫！
試食は、ビールをお供に南国リゾート気分で。ケ「あ～！　ほんと美味しい！　オレ、ここで飲むビール、最高に美味しい！」、太「ねえ！」と、喉をうるおしたあと、早速、ゴーヤチャンプルーからパクリ。「うまいよ！　うまい。ゴーヤいいですね。ちょっと苦味がおさえられています。豚肉との相性もいいですね」
一緒に作ったジューシーも沖縄を代表する名物料理ですが、太一は「ほのかな甘味。そして、春菊のあっさりしている感じもいいですね」と絶賛！　モチ米本来の甘味と具材がからみ合う、格別な美味しさ。ゴーヤチャンプルーとの相性も抜群ですので、ぜひセットでお楽しみください。

photo by TAICHI

縄のソウルフード

ゴーヤチャンプルー

材料（２～３人分）

ゴーヤ：½本
豚バラ薄切り肉：120ｇ
ニラ：½束
もやし：½袋
にんにく、しょうが：各１片
卵：１個
ごま油：大さじ１
泡盛：大さじ１
しょうゆ：大さじ½
塩、こしょう、砂糖、コーレーグース
：各適宜

作り方

1 ゴーヤは縦半分に切り、スプーンで種とワタをしっかり取り除き、７㎜厚に切る。
塩２～３つまみを振ってもみ、１０分くらいおいて流水でザッと洗う。

KENTARO'S POINT

ゴーヤは塩でもみ、流水で洗う。
ケ：「軽く塩でもむと、浸透圧で中からジワジワと水分が出てきて、苦味も一緒に出ていきます」
太：「なるほどね！」
ケ：「苦味を完全に取ることはできませんが、味が一段、マイルドになります」

2 豚肉は一口大に切る。ニラは５㎝長さに切る。にんにく、しょうがはみじん切りにする。
卵は溶きほぐす。

3 フライパンを熱してごま油をひき、にんにく、しょうがを弱火で炒める。
香りが出てきたらゴーヤ、豚肉、もやしを加えて塩少々を振って強めの中火でよく炒める。
ゴーヤが少ししんなりしたら、ニラを加えてザッと炒める。

4 フライパンの脇に寄せ、空いたところに卵を流し入れてそのままいじらずに加熱する。
少し固まってきたら菜箸で混ぜていり卵にしてから全体を炒め合わせる。

KENTARO'S POINT

フライパンの空きスペースに卵を流し入れ、スクランブルエッグを作る。

5 泡盛を加えてザッと炒め、しょうゆ、砂糖を加えて炒め合わせる。
味をみて塩、こしょうでととのえる。器に盛って好みでコーレーグースを振る。

KENTARO'S POINT

砂糖でコクを出す！
ケ：「軽いポイントなんですが、砂糖も大事です。コクを出すために入れます」
太：「最近まで砂糖が入った料理ってあんまり好きじゃなかったんですけど、コクって言われると砂糖って大事だなって思うんですよ」

コーレーグースとは？
沖縄独自の辛味調味料。島唐辛子を泡盛に３週間程漬け込んで作られます。料理の仕上げに数滴かけるだけで、十分な辛さ！
これを加えることで、より沖縄料理らしい味わいに。

豚肉と春菊のジューシー風混ぜおこわ

材料（２～３人分）

豚バラ薄切り肉：150ｇ
春菊：⅓束
モチ米：２合
ごま油：大さじ１
泡盛（または酒）、しょうゆ：各大さじ１
みりん：小さじ１
白いりごま、黒いりごま：各大さじ１
塩：適宜

作り方

1 モチ米は普通に炊く。

2 豚肉は一口大に切り、春菊は細かく刻む。

3 フライパンを熱してごま油をひき、豚肉を強火で炒める。肉の色が変わったら、キッチンペーパーで出てきた脂を軽く拭きとる。泡盛を加えてザッと炒め、しょうゆ、みりん、塩１つまみを加えて炒め合わせる。

4 炊き上がった１に３、春菊、ごまを加え、濡らしたしゃもじで切るようにサックリと混ぜる。味をみて足りなければ塩でととのえる。

ジューシーとは？
沖縄を代表するごはんもの。具と調味料を米に炊き込んで作るピラフのような料理で、沖縄の家庭には、それぞれ独自のレシピがあるとか！　今回はケンタロウ流にアレンジし、「モチ米を炊く→具を混ぜる」という工程で調理。

暑い季節にこそ食べたい！　宮崎名物の冷や汁をもっと手軽に、

SUMMER

016

冷や汁

お母ちゃんの舞い上がり（P.48）
2008.08.03 OA

＃015のゴーヤチャンプルーに引き続き、南国の郷土料理、冷や汁に挑戦!!　一つの丼で、主食、おかず、汁物…とバランスよく食べられるとあって、食欲が減退気味な猛暑時期にオススメの料理です。だし汁は、食べる直前まで冷蔵庫でよ～く冷やして。冷たい分、味を感じにくくなるので、少し濃いめの味付けに仕上げるのがコツです。温かいごはんを軽めによそい、だし汁をかけ、薬味をトッピングしたら…思いっきり豪快にほお張るのがベストな食べ方!!　できたての冷や汁を目の前にした太一は、「うわ、今のオレ、ヨダレがすっごい出てる!!」と大興奮。ケ「うまいでしょ？　本当に、食欲ないって言ってたっけ？みたいな感じになっちゃうんですよ」、太「やっぱりお野菜の食感と、お魚の香ばしさ。あと、ごまですね！」、ケ「ごま！」、太「ごまの風味が、絶妙！」と、風味豊かな食材が織り成す“郷土の味”は、やみつきになる美味しさです。
付け合わせのメニューは、太一のお母さんに協力してもらって国分家の味をご紹介！　ごはんにもお酒にも合うシンプルなメニューなので、ぜひお試しください。

もっとシンプルに楽しむ方法

冷や汁

材料（4人分）

湯：4カップ
かつお節：2つかみ
アジの干物：2枚
きゅうり：1本
ナス：1個
みょうが：1個
青じそ：10枚
白いりごま：大さじ3〜4
みそ：大さじ2½
温かい麦ごはん：4人分
塩：適宜
おろししょうが、白いりごま：各少々

作り方

1 鍋に湯を沸かしてかつお節を入れ、弱火で2分煮る。網じゃくしで、だしがらをすくって菜箸でギュッと絞る。粗熱が取れたら冷蔵庫に入れておく。

2 アジはグリルでこんがりと焼き、骨を取り除いて身をほぐす。

KENTARO'S POINT

ケ：「アジは、こんがり焼いてください」
太：「なんでですか？」
ケ：「少ししか焼かないと、ちょっと魚の生臭さが出てしまうんです。香ばしく作るために、干物はしっかりと焼き目をつけてください」

3 きゅうりはピーラーで縞目に皮をむき、薄い輪切りにする。ナスは薄い半月切りにする。ボウルにきゅうりとナスを入れ、塩小さじ½を加えて混ぜ、15分くらいおく。水分が出てきたらしっかり絞り、器に盛る。

4 みょうが、青じそは千切りにし、器に盛る。

5 ミキサーに2、いりごま、みそ、1をお玉1杯分入れて回す。

KENTARO'S POINT

すり鉢の代わりにミキサーを使う！
ケ：「そもそも冷や汁は、大きなすり鉢でごまをすって、みそを混ぜてだし汁でのばしていって、干物とかも全部すって作るんです。でもある日、ふと"ミキサーを使ってしまってもできるんじゃないか"って思ったんです」
太：「なるほど！そこが大変だって思う人も多いかもしれないですもんね」

6 ペースト状になったらボウルに移し、残りの1を少しずつ加えてよく溶き混ぜる。さらに3を加えて混ぜる。味をみて足りなければ塩でととのえる。

7 ラップをして冷蔵庫でしっかり冷やす。

8 茶碗に麦ごはんを盛って7をかけ、4、おろししょうが、いりごまを振って混ぜながら食べる。

★麦ごはんは、必ず温かいものを用意して！
アツアツの麦ごはんに冷たい冷や汁をかけることで、ごはんの甘味を感じられます。

冷や汁とは？
おもに、宮崎県のポピュラーな郷土料理。鎌倉時代から伝わる庶民の味で、魚の干物、夏野菜などがたっぷり入ったみそ仕立てのスープを冷やして、麦ごはんにかけて食べる、夏の風物詩。
放送時はアジの干物を使いましたが、魚はカマスなどお好みのものでOK！

太一レシピ
母
TAICHI RECIPE

母ちゃ～ん！　ケンタロウさんとコラボだよ!!

「今、一番緊張してんのは、テレビの前の母ちゃんだと思います」という太一の言葉通り、国分家の味を初公開！　果たして、そのお味は…？

お母ちゃんの舞い上がり

材料（２～３人分）

焼き塩鮭：１切れ
オクラ：３本
きゅうり：１本
トマト：½個
味付きもずく（市販品）：１パック
白いりごま：大さじ１
砂糖：少々

作り方

1 オクラは塩少々（分量外）を加えた熱湯でさっと茹で、小口切りにする。きゅうりは板ずりし、縦半分に切ってからスプーンで種を取り除き、薄切りにする。トマトは１㎝角に切る。鮭は皮と骨を除いて身をほぐす。

2 ボウルに１、もずく、白いりごま、砂糖を入れて和える。

COOKING!! TALKING!!

ケ「今日は国分家の懐しの味ですね！」
太「今日作る母親の味というのは…」
ケ「はい！」
太「いっっさい、食べたことがないです！」
ケ「今まで（笑）？え？ちょっと待って！じゃあ最新の最近のものなんですかね？」
太「最近、お父さんに人気のある料理！」
ケ「なるほど（笑）！今の国分家の料理！」
太「そうなんです！結構テンパっちゃうお母さんなんで、考える時間をあげた方がいいなと思って、電話して、『４日後にまた電話するね！』っていうふうに言ったんですよ」
ケ「４日後！」
太「はい。『その間考えといてね！』って言ったら、もうその時点で『え？どういう意味？』とか、『ん？何をケンタロウさんは作ろうとしてるの？』って。『宮崎料理』って言ったら、『宮崎とか全然知らない、私っ！宮崎、全然知らないっ！』って！」
ケ「あはははははは（笑）！！」
太「だから、『とりあえず４日間考えといてね、じゃあね！』って電話を切ったんですよ」
ケ「はいはいはい（笑）」
太「もう、ほんとにテンパっちゃってるから！」
ケ「ふふふ（笑）すごいですね（笑）！」
太「それで、まぁ４日後に電話して、…で、決めました！タイトルっていうんですか？」
ケ「はい、料理名！」
太「料理名！えっと～、“お母ちゃんの舞い上がり”っていう料理名にさせていただきました！」
ケ「それ、お母さんの状態じゃないですか（笑）！」
――食材説明
太「きゅうりとごまと、あと塩鮭！」
ケ「はい。焼いたものを！」
太「これ、結構大事ですね！あとオクラ。これも夏の野菜ですよね？」
ケ「そうです！」
太「で、トマト。そしてこれは、味付きもずくっていって、最初から味が付いているもずく！もうね、夏にピッタリです！これ！ほとんど味付けもしません！」
ケ「ほぉ～、なるほど！」
太「まず、きゅうりを何か塩でこうやって…」
ケ「はいはい！」
太「やってくれって言ってました（笑）」
ケ「（笑）板ずり！」
太「板ずり？なんでそれ、やった方がいいんですか？」
ケ「まぁ、アクを取ったりだとか、トゲを取ったりだとか…」
太「すげぇ！やっぱり母ちゃん、すごいっすね！」
ケ「すごい！」
太「ここがね、オレ驚いたんですけど、これねぇ母ちゃんねぇ、半分に切って…で、この（きゅうりの）種を取ってくれって言うんですね」
ケ「ほぉ！このやわらかいところを。これ、あれですよね？青臭さを…」
太「はぁ～っ！」
ケ「ここがやっぱりより青臭いっていう…」
太「（次に塩鮭を手に取り）別に塩を足すわけではないので…」
ケ「なるほど！」
太「その塩気っていうのが、この鮭からしか出ません！」
ケ「そっか、なるほど、なるほど！」
――味見
ケ「じゃあ、いただきます！（食べて）うま～い！」
太「イケます？ちゃんと塩気出てます？」
ケ「ちゃんと、もずくの味がして。うん、うま～い！夏だねぇ！うまいよ！！」
太「夏ですよね？それこそビールなんかにも！うんでも、もうちょっと鮭が入ってても…」
ケ「いいかも！」
太「そうですね！」
ケ「入れちゃってもいいかも！」
太「これどうですか？砂糖入れたら、どうなるんですか？」
ケ「ちょっと入れてもいいかも！」
太「でしょ！？」
ケ「うんうん、確かに」
太「酸味が強い分、コクを出したいな～って思ってるんですよ！」
ケ「うん、ちょっと入れてもいいかも！（と、砂糖を足すケンタロウ）」
太「うわっ、コラボですよ、母ちゃんと！ケンタロウさんの！！」
ケ「すいません、ほんとに…。ほんとにすいません…。（と言いながら、頭を下げるケンタロウ）」
太「（カメラに向かって）母ちゃ～ん！ケンタロウさんとコラボだよ！！」
ケ「（カメラに向かって帽子を取り、深々と頭を下げ）いつもお世話になってます。ほんとに…」
太「っつーか、すいません。（番組を）私物化して…」
ケ「お母さん見てる？的なね（笑）！」
太「（食べて）うま～いっ！あ、やっぱいいですね、砂糖入れた方が！」
ケ「うん、砂糖入った方が。あぁ、うま～い！！」
太「（カメラに向かって）母ちゃん！砂糖だよ！！ね？ちょっと砂糖入れた方が、お父さん喜ぶかもしんない！」
ケ「うまいよ、これ！」
太「この、オクラの粘りもいいんでしょうねぇ」
ケ「ごはんとも合うよ！」
太「ほんとですか？（カメラに向かって）やったよ！母ちゃんっ！！」

男子ごはんトーク集4
夏のオープニングトーク集 後編

#015
ゴーヤチャンプルー
2008.07.27 0A

告知上手な太一

太「ケンタロウさん！昨日の夜、何食べました？」
ケ「友達の店で、ペンネ…」
太「はぁ～っ、オシャレですねぇ～！具みたいなのは、何ですか？」
ケ「キャベツとイワシの…」
太「うわぁっ～、オッシャレェ～！！そんな友達、いないもぉんっ！！」
ケ「あはははははは（爆笑）！！」
太「僕は昨日、夕方6時に夕食を食べたんですけども、冷え切った弁当でした。プロモーションビデオをちょっと撮ってまして、（上を指差し）…あ！これ今流れてるのが、僕らの新曲（2008年9月3日発売『雨傘』）なんですけどもぉ！」
ケ「あれあれあれ？流れちゃってんだ（笑）！」
太「はい、流れてます（笑）いい曲ですねぇ～！今回ねぇ、すごいんですよ！僕らの曲、椎名林檎さんが作詞・作曲してるんですよ！」
ケ「えっ！？」
太「で、アレンジが、東京事変！」
ケ「すごいっすねぇ！」
太「むちゃくちゃ、難しいです！（実際にはスタジオで曲が流れていないのに、また上を指差し）ココがすっごい難しいんです！」
ケ「あはははは（笑）！！」
太「昨日ね、夜中の2時ぐらいです。終わったのが」
ケ「え？（夕方）6時に食べて、（夜中）2時まで何も食べてないの？」
太「何にも食ってないんです！だから、すっごいハラへってるんですよ、今日！」
ケ「何？そっからまた食べてないの？」
太「6時が最後なんですよ！昨日の夕方6時が最後なんで、もしかしたらオレ、収録の途中で倒れてる可能性あるんで…」
ケ「へへへへへへ（笑）！！」

ケンタロウつぶし？

太「今日は、沖縄料理なんですよね？」
ケ「沖縄料理！」
太「す～ごく興味あります！何を？」
ケ「え～、ゴー……」
太「（間髪入れず）ゴーヤチャンプルー！なるほど！」
ケ「あはははは（笑）！なんで先に言うの（笑）！？」
太「だって、沖縄料理っていったら、（まず思いつくのは）ゴーヤチャンプルーじゃないですか（笑）？で、ケンタロウさんといえば、こう、ちょっと単純なところもあったりとかして、沖縄＝ゴーヤみたいな（笑）」
ケ「また、ケンタロウつぶしだ（笑）？」
太「あははは（笑）！」
ケ「まずは、押さえとくべきトコじゃないですか？」
太「そうですね！」
ケ「それと、脇のちょっとしたものを…」
太「これねぇ、脇が結構人気あるらしいですよ！」
ケ「あっ、マジっすか？えっ？何？じゃあ、ゴーヤチャンプルーはどうでもいいってこと（笑）？」
太「だから、いや…ごめんなさい、言い方が…（笑）脇“も”ですね！脇“も”！」
ケ「はい（笑）！」

#016
冷や汁
2008.08.03 0A

緊張してるのは…

太「で、実は今日は、ウチのおふくろの味も！」
ケ「あ！そうだ！」
太「そうなんですよ」
ケ「今日は、お母様経由…？」
太「母ちゃんに、連絡しまして。今、一番緊張してんのは、テレビの前の母ちゃんだと思います！」
ケ「（笑）！国分家の味が（笑）！！」
太「はい！楽しみにしててください！」
ケ「すっごい楽しみにしてます！」

#018
鶏と豆腐のチゲ
2008.08.17 0A

ケンタロウマニア向けレシピ？

ケ「今日は、暑いじゃないですか？」
太「暑い～！！」
ケ「でも暑い時こそ、熱い物を！」
太「（顔をゆがめて）今日、ものすごい暑いですよ～！」
ケ「今日、めちゃめちゃ暑いです！」
太「まだ聞いてないですけど、何ですか？」
ケ「チゲ！これ、暑い時期に熱い物を食べて、汗かいて涼しくなる…っていう、ちゃんとした裏付けもあるワケですよ」
太「チゲって、日本語でいうと、鍋でしょ？」
ケ「鍋ですよ！」
太「食材によって、こう、サラサラーっといけるような感じの物が入ってたりするんですか？」
ケ「もう、そんなワケないじゃないですか！ガッツリいきますよ！！
ガッツリ！熱い！！辛い！！！」
太「僕の汗は、ギリ（テレビで）耐えられると思うんですよ」
ケ「（？）…なんすか？オレ（笑）？オレはもう、マニアが黙ってないですよ！」
太「えへへへへ（笑）！」
ケ「ほんとにっ（笑）！」

夏のパーティーにぴったりのピリ辛メキシコ料理。皆でワイワ

SUMMER

017

タコス

2008.08.10 OA

「ケンタロウさん！　タコス日和ですね、今日は！」という太一の言葉通り、収録日は気持ちのいい快晴。恒例のテラスでの試食タイムも、タコスパーティーのような和気あいあいのムードで行われました。

タコスを包む皮、トルティーヤは市販の物もありますが、皆でホットプレートを囲みつつ手作りすれば、美味しさ＆楽しさが倍増！　メインとなる具材も、牛肉のスパイス炒めに限らず、お好みでアレンジ可能です。

タコスを包む時のポイントは「あんまり具をいっぱい載せすぎないようにすること」とケンタロウ。太一は「って言われても、いっぱい載っけたくなるんだよな…」と、ちょっと大胆に具をセレクト。具を載せる順番は、基本「レタス→牛肉→チーズ→アボカド→サルサ」ですが、これにも特にルールはないのでフリースタイルで！

太一はトルティーヤにかぶりついた瞬間、「うまい！　口に入れた瞬間がいいですね。皮、いいですね」と、インパクトのある味にノックアウトされた様子。モチモチ×ザラッとした皮の食感と、バラエティ豊かな具のマッチングをお楽しみください。

photo by TAICHI

イ作れば、数倍楽しい！

タコス

材料（4人分）

タコスの皮
- a 薄力粉、コーンミール：各1カップ
- ベーキングパウダー：小さじ1
- 塩、砂糖：各1つまみ
- 水：250〜300cc
- サラダ油：適宜

牛肉のスパイス炒め
- 牛切り落とし肉：300g
- にんにく（みじん切り）：1片分
- オリーブ油：大さじ1
- b トマトケチャップ：大さじ1〜2
- ウスターソース：大さじ1弱
- チリパウダー：小さじ1
- しょうゆ：少々
- 塩、こしょう：各少々

サルサ
- トマト：1個
- 玉ねぎ：½個
- セロリ：1本
- 香菜（パクチー）：¼束
- レモン汁：大さじ2
- タバスコ、塩、こしょう：各適宜

アボカド：1個
レタス：3枚
ピザ用チーズ：適宜

作り方

1 皮を作る。ボウルにaを入れてザッと混ぜ、水を少しずつ加えて泡立て器でよく混ぜる。粉っぽさがなくなったらラップをして5分程なじませる。

KENTARO'S POINT

タコスの皮にコーンミールを入れる。
太：「コーンミールは普通に売ってるんですか？」
ケ：「売ってます！どうしても売っていなかったら小麦粉だけでもいいんですけど、これはちょっとしたKENTARO'S POINTなんです」
太：「香りですか？」
ケ：「香りもそうですけど、いい感じのザラッとした食感が出るんです」
太：「分かる！その感じ」

2 ホットプレートを熱してサラダ油少々をひき、1をお玉¾杯分薄く丸く流し入れて焼く。焼き目がついたら返して両面とも焼く。たまにサラダ油少々をひきながら次々焼いていく。

3 レタスは太めの千切りにする。アボカドは縦半分に切り込みを入れて半分に割り、種を取り除く。
★アボカドの保存術。くり抜いた種を元に戻しておくと、実が変色しにくくなります。

4 サルサを作る。玉ねぎはみじん切りにして水に3分さらす。セロリの茎はピーラーで皮をむいて粗みじん切りにする。トマト、香菜（パクチー）も粗みじん切りにする。

5 玉ねぎ、セロリ、トマトを半分に分けてボウルに入れ、片方にはセロリの葉、もう片方には香菜（パクチー）を加えて混ぜる。レモン汁大さじ1、塩2つまみ、こしょう、タバスコをそれぞれに和えて混ぜる。

KENTARO'S POINT

香菜（パクチー）が苦手な人は、かわりにセロリの葉を入れても可。放送時には、香菜とセロリの菜で半分ずつ作りました。

6 フライパンを熱してオリーブ油をひき、にんにく、牛肉を入れて強火で炒める。肉の色が変わったらbを加えて炒め合わせる。
★牛肉を炒める時、気が向いたら塩こしょうを振る！

KENTARO'S POINT

味付けのポイントに、しょうゆを入れる。そうすることで、味が引き締まります。

★こま肉（切り落とし肉）は、色々な部位を集めているので、すごくいい肉が混ざっていることもある。買う時は、きちんと見た方がいい！

7 2、3、5、6、ピザ用チーズをそれぞれ器に盛る。2のサルサの皮にレタス、6、スプーンでくり抜いたアボカド、5、ピザ用チーズを載せ、巻いて食べる。

タコスとは？
トウモロコシの粉を使って薄く焼いた生地「トルティーヤ」に、肉や野菜、チーズ、ピリ辛のサルサなどの具を包んで食べる、メキシコを代表する人気料理。

香菜とは？
パクチー、コリアンダーともいわれるセリ科のハーブ。独特の強い香りが特徴でベトナム料理、タイ料理などアジア系の料理によく使われますが、サルサ作りにも欠かせません。

鶏の旨味がギッシリの、ピリ辛鍋。暑い時こそ、熱い料理を食

SUMMER

018

鶏と豆腐のチゲ
イカのチョレギサラダ

2008.08.17 OA

韓国には、昔から「熱を以《も》って熱を治める」という意味の「以熱治熱（イヨルチヨル）」という言葉があり、汗をかきながら熱いものを食べることが健康法といわれているとか。というわけで、夏真っ盛りのこの回に紹介されたのはチゲ！「嫌いじゃないですよ、夏に鍋って。汗ダーッてかきながら、いいじゃないですか！」とのり気な太一に対し、ケンタロウも「さっぱりしますよね。ビールにも合います」と応戦。収録時、チゲを煮込むスタジオの温度は、どんどんヒートアップ（なんと33度！）。終始、汗だくの調理となりましたが、苦労したかいあって試食時の喜びは倍増…だったのでした。

「うまいっ!! 最高ですね!! 鶏ももちろん出てるんですけども、インパクトあるのは、魚介ですね！ あさりのだしがよく出ています。キムチの食感も、色んなのがあってね…」と、笑顔でチゲをほお張る太一。ケ「ほんと、やってほしい！楽しく気軽に作るだけじゃなくて、たまには（汗で）グダグダになって、暑くてイライラしながら作って、最後笑う…っていうのが」、太「最後、天国ですからね！」と、まさに男子的なワイルド鍋、夏の定番になりそうです！

photo by TAICHI

べて元気回復!!

鶏と豆腐のチゲ

材料（４人分）

鶏骨付きブツ切り肉：550〜600ｇ
豆腐（木綿）：½丁
長ねぎ：２本
ニラ：１束
にんにく（みじん切り）：４片分
しょうが（みじん切り）：１片分
キムチ（白菜）：300ｇ
あさり缶：１缶
水：５カップ
ごま油：大さじ１強
a［みそ：大さじ３
　白すりごま：大さじ２〜３
しょうゆ、一味唐辛子：各適宜

作り方

1 土鍋を熱してごま油をひき、水気を拭いた鶏肉を皮を下にして並べて強火で焼く。転がしながら全体に焼き目をつけたら、にんにく、しょうがを加えて中火で炒める。
★土鍋は、底が濡れたまま火にかけると割れやすくなる。必ず、水気をしっかり拭き取ってから使う！

2 香りが出てきたら水、あさり缶を缶汁ごと加える。沸いてきたら火を弱めてアクを取りながら２０分煮る。
★韓国では、チゲを煮る時に水ではなく、米の研ぎ汁を使うとか。
よりまろやかな味に仕上がるので、ぜひお試しを。

3 豆腐は水気をきって縦半分に切ってから横１cm幅に切る。長ねぎは１cm幅の斜め切りにし、ニラは５cmの長さに切る。

4 ２に半量のキムチ（カット済み）、豆腐、長ねぎ、ニラを加え、アクを取りながらさらに１５分煮る。

KENTARO'S POINT

キムチを半分に分けて入れるのは、「だしとしてのキムチ」と「あとから追加してシャキシャキとした食感を味わうキムチ」、以上２種類のキムチの味わいを楽しむため。

5 残りのキムチ、ａを加えてひと煮し、味をみながらしょうゆでととのえる。仕上げに一味唐辛子をたっぷり振る。

イカのチョレギサラダ

材料（４人分）

ロールイカ（冷凍）：120ｇ
サニーレタス：４〜５枚
きゅうり：２本
韓国海苔：小２パック
ごま油：大さじ½
a［おろしにんにく、おろししょうが：各少々
　白いりごま：大さじ２
　ごま油：大さじ½
　酢：小さじ１〜２
b［オイスターソース、しょうゆ：各大さじ½
　コチュジャン、砂糖：各小さじ½
塩：適宜

作り方

1 イカは解凍したあと水気を拭いて、横５cmの長さに切ってから縦５mm幅に切る。レタスは一口大にちぎる。きゅうりは麺棒でたたいて一口大にちぎる。

2 ボウルにａを混ぜておく。

3 フライパンを熱してごま油をひき、イカを強火で炒める。色が変わったらｂを加えて炒め合わせる。

KENTARO'S POINT

ごま油を２回に分けて使用する。
生で味わう「風味」、炒めて味わう「香ばしさ」、二つの味が楽しめます。

4 ２にレタス、きゅうり、３の順に加えて和え、韓国海苔をちぎりながら加えて和える。味をみて足りなければ塩でととのえる。
★サラダの最後に韓国海苔をトッピングするのは、風味をプラスするため！

チョレギとは？
「チョレギサラダ」＝「ちぎった生野菜のサラダ」と思っている方が多いかもしれませんが、本来のチョレギの意味は韓国・慶尚道（キョンサンドウ）地方の方言で「浅漬けのキムチ」ということ。韓国で「チョレギサラダ」とオーダーしても通じませんので、ご注意を！

ジューシーな肉汁がたっぷりあふれ出す！　絶対に失敗しない、

SUMMER

019

ハンバーグ

枝豆の冷製スープ

2008.08.24 OA

「夏休みが終わってしまうちびっ子のために！」（byケンタロウ）ということで、この回に紹介されたのは洋食の定番、ハンバーグ。各家庭にそれぞれのレシピがあるかと思いますが、小林家に伝わるのは、お肉本来の旨味をギュッと閉じ込めた作り方。ハンバーグにナイフを入れた瞬間、ジュワッとあふれ出す肉汁がたまりません！

ふっくら焼き上げる最大のコツは、ハンバーグの両面にこげ目をつけたあとに「水を入れて蒸し焼きにする」ことですが、できあがりは太一が「や〜わ〜ら〜か〜い!!　こんなやわらかいハンバーグ、オレ、初めて食べたかも！」と絶賛する程の美味しさ！　ボリュームたっぷりだけど軽い食感なので、ぜひ大きめに作ってお召し上がりください！

枝豆の冷製スープは、ハンバーグを蒸し焼きにしている間にスピーディーに作れる、手軽な一品。材料をそろえてミキサー（フードプロセッサー）で混ぜ、冷蔵庫で冷やすだけ…とシンプルな工程ながら本格派の仕上がりです。太一いわく、「香りがいい！　あとフワフワなんですよね。泡を飲んでいる感じ」という爽やかな食感が、ハンバーグの付け合わせにぴったり！

小林家秘伝の王道ハンバーグ

ハンバーグ

材料（4人分）

合びき肉：600ｇ
玉ねぎ：½個
a［パン粉：1½カップ
　卵：1個
　牛乳：½カップ
ナツメグ：小さじ1
塩：小さじ½
こしょう：少々
サラダ油：適宜
b［水：¾カップ
　ケチャップ：大さじ3
　ウスターソース：大さじ2
　酒、バター：各大さじ1
　しょうゆ：小さじ1

付け合わせ
　じゃがいも：2～3個
　アスパラガス：1束
　サラダ油：大さじ½
　塩：適宜

作り方

1 玉ねぎはみじん切りにする。フライパンを熱してサラダ油大さじ½をひき、玉ねぎがしんなりするまで炒め、皿などに広げて冷ます。
★玉ねぎは、先に炒めて冷ましておく。熱いまま合びき肉と混ぜると、肉の脂が溶けてしまう。

2 aの材料を合わせて混ぜておく。

KENTARO'S POINT
つなぎのパン粉、卵、牛乳だけ先に混ぜておく。
太：「なぜこれだけ先に混ぜるんですか？」
ケ：「つなぎだけしっかりなじませておくと、あとで混ぜやすいんですよ。
それに、ふっくらと仕上がります」

3 ボウルにひき肉、塩、ナツメグ、こしょうを合わせて、手でつかむように混ぜる。さらにa、玉ねぎを加えてよく混ぜる。
★使うお肉は、牛と豚の合びき肉をセレクト。牛肉の旨味に豚肉の甘味とジューシーさが加わります。

4 手にサラダ油少々をつけ、3を4等分に分け、手でキャッチボールをしながら空気を抜き、ハンバーグ型にまとめる。

5 フライパンを熱してサラダ油大さじ1をひき、4を並べて強火で焼く。焼き色がついたら返して両面を焼き、水をハンバーグの高さの半分まで注ぎ、蓋をして中火で蒸し焼きにする。

KENTARO'S POINT
ハンバーグを両面焼いたら、水を入れて蒸し焼きにする！
中まで火が通り、ふっくらジューシーに仕上がります。

6 付け合わせを作る。じゃがいもは皮をむいて3㎝角に切り、水に3分さらす。竹串がスーッと通るまで茹でたら、茹で汁を捨て、再び強火にかけて鍋をゆすりながら水分を飛ばし、塩を1つまみ加えて混ぜる。

7 アスパラガスは根元を1㎝程切り落とし、下⅓の皮をピーラーでむく。長さを3等分に切ってから縦半分に切る。別のフライパンを熱してサラダ油をひき、アスパラガスを入れて塩を振って強火で炒める。焼き目がついてきたら取り出す。

8 5のフライパンの水分が少なくなってきたら竹串を刺し、血や濁った汁が出てこなければbを加える。混ぜながら中火で煮詰め、とろみがついてきたらでき上がり。

9 器に盛ってフライパンに残ったソースをかけ、付け合わせを添える。
★生焼けかどうか、見分けるには？
ハンバーグに竹串を刺して、透明な肉汁が出ればOK。「でも、そうすると肉汁がどんどん出てしまうから、あまりやりたくない…」とケンタロウ。

ナツメグとは？
インドネシアが原産の香辛料。肉の臭みを取る効果があり、ひき肉料理によく使われます。

枝豆の冷製スープ

材料（4人分）

茹でた枝豆：250ｇ
a［固形ブイヨン：½個
　熱湯：大さじ1
牛乳：2カップ
生クリーム：½カップ
砂糖：小さじ½
塩、こしょう：各適宜

作り方

1 枝豆はさやから取り出す。aの固形ブイヨンを砕いて湯で溶く。
2 ミキサーに1を入れ、半量の牛乳を加えてスイッチを入れる。なめらかになったら残りの牛乳、生クリーム、砂糖、塩小さじ½を加え、ミキサーを回す。味をみて足りなければ塩でととのえる。
3 なめらかになったらボウルに移し、ラップをして冷蔵庫で30分くらい冷やす。
4 器によそって生クリーム（分量外）をたらし、こしょうを振る。

これぞ男子ごはん！　がっつりウマイ、中華の炒め物と家庭で

SUMMER

020

中華定食

チンジャオロースー
ねぎチャーハン
2008.08.31 OA

残暑が厳しい季節は、なぜかこってりした味わいの料理が食べたくなるもの。しかも、スタミナ満点であればなおうれしい！ということで、栄養価の高い豚肉とピーマンをメインに使ったチンジャオロースーをご紹介。
お供のごはん物には、これぞ男子的なメニュー、ねぎチャーハン！　具はシンプルに、長ねぎ、卵、桜エビ。「よく聞くのは、家庭のガスだとパラパラにできないんじゃないか？って。大丈夫ですか？　僕もチャーハンは作ったことがあるんですけど、やっぱりベチャーッてなるんですよね」という太一の質問に対し、「大丈夫です！」と頼もしいケンタロウ。チャーハンの“炒め”は、ケンタロウの手ほどきを受けながら、太一が担当しました。
そしてできあがった完成品。チンジャオロースーは、「いや～、綺麗ですね！　照りがいい」。太一は見た目の美しさを絶賛！　もちろん、味も「最高ですね！　しょうがの香りと、お肉のやわらかさ。美味しい～!!」と、最上級。一方、チャーハンは、「すごい！　これ、オレが作ったんだ。エビの風味もいいですね」と、無事にパラパラに仕上がりました。「中華も色々ありますけど、こういった定番は押さえたいですよね！」

photo by TAICHI

もパラパラに仕上げられる本格派チャーハン

チンジャオロースー

材料（2～3人分）

豚肩ロース薄切り肉：250ｇ
ピーマン：２個
たけのこ水煮：80ｇ
生しいたけ：２枚
にんにく、しょうが：各１片
片栗粉：大さじ３
ごま油：大さじ２
酒、オイスターソース：各大さじ１
しょうゆ：小さじ１
塩、こしょう：各適宜

作り方

1 ピーマン、たけのこは５㎜幅の縦細切りにする。しいたけは５㎜幅に切る。にんにく、しょうがはみじん切りにする。豚肉は繊維に沿って１㎝幅に切ってボウルに入れ、片栗粉を加えて混ぜる。

★ピーマンを上手に細切りするには、種を取り除いたあと、裏にして切る。表から切ると、包丁の刃が滑ってしまい、スムーズに切れません。
★豚肩ロースは「脂と赤味のバランスがいいんです」と、ケンタロウが一番好きな肉。でも、「細切りにしにくい」という弱点もあるとか。チンジャオロースーは、豚もも肉、牛肉などお好みの肉でアレンジしてもOK！
★肉に片栗粉をまぶすのは、片栗粉の層ができることで蒸し焼きの状態になり、肉がやわらかく仕上がるから！

2 フライパンを熱してごま油大さじ１をひき、豚肉を加えてほぐしながら強火で炒める。肉の色が変わったら取り出す。

3 フライパンをサッと拭いて熱し、ごま油大さじ１をひいてにんにく、しょうがを弱火で炒める。香りが出てきたらたけのこ、しいたけ、ピーマンの順に加えて炒める。

4 野菜が少ししんなりしたら２を戻し入れ、酒を加えてザッと炒める。オイスターソース、しょうゆを加えて炒め合わせ、味をみて塩、こしょうでととのえる。

★ピーマンを炒める時、塩を入れると鮮やかな緑色に仕上がる！

ねぎチャーハン

材料（2～3人分）

温かいごはん：
　茶碗２杯強（300～320ｇ）
長ねぎ：½本
にんにく：１片
溶き卵：２個
桜エビ：大さじ１
ごま油：大さじ１
酒：大さじ１
しょうゆ：小さじ½～１
塩、こしょう：各適宜

作り方

1 長ねぎ、にんにくはみじん切りにする。

2 フライパンを熱してごま油をひき、１を中火で炒める。しんなりしたらフライパンの脇に寄せ、空いているところに卵を流し入れる。すぐに卵の上にごはんを載せ、木べらでごはんと卵を一緒にほぐしながら炒める。ほぐれたら全体を炒め合わせる。

KENTARO'S POINT

フライパンに溶き卵を入れたら、すぐにごはんを入れる！
ケ：「ごはんと卵を、まず混ぜるんです」
太：「混ぜる？これが大事なんですか？」
ケ：「ここで完全にごはんのまわりに卵の膜を作っておくと、卵に火が通った時にごはんがパラパラになるんです」
先に、溶き卵とごはんをボウルで混ぜてからフライパンに入れてもOK。

KENTARO'S POINT

家庭用コンロの火力の弱さを補うため、よく炒める。

★チャーハンを炒める時、フライパンを返すのが難しい場合は、木べらを２本使って炒めるとよい。

3 酒、桜エビを加えてザッと炒め、しょうゆ、塩、こしょうで味をととのえる。器に盛ってこしょうを振る。

カップルで作ってほしい！　ホクホクのじゃがいもに牛肉の旨

SUMMER

021

肉じゃが

国分家のきんぴら（レンコン）
小林家のきんぴら（ごぼう）
2008.09.07 OA

老若男女問わず愛される家庭の味、肉じゃが。「肉じゃがは、ほぼ愛情じゃないですか？」と太一が語る通り、各家庭にこだわりのレシピがあるもの。小林家の肉じゃがは、最初に具材をごま油で炒め、牛肉の旨味をじゃがいもにしっかりと煮からめるのがポイントです。できあがった肉じゃがは、「小料理屋さんのカウンターに載っていて、『コレとアレ、お願いします！』っていうような肉じゃがですね」という、見た目からも圧倒されるクオリティー。「肉じゃがってこんなに美味しかったかな？　お肉の味もちゃんとするんですけど、じゃがいもメインで食べている感じがしますよ。落ち着きますね？　ホッとする味ですよ」と、太一も大絶賛。今回は、そんな癒やし系料理と、国分家、小林家で作られてきたきんぴらを披露することに！　国分家では、レンコンを使ったものが人気。太「今も、帰ったら必ず作ってくれますよ。好きな理由は、やっぱり食感ですね」、ケ「ショリショリしますよね」と、調理中のトークも弾みます。一方、小林家のきんぴらは、スタンダードなごぼうを使ったもの。ケンタロウが「二人で別々のものを作る料理番組って、初めてかも！」と言った通り、画期的なひとときとなったのでした。

photo by TAICHI

味が染み込んだ肉じゃが

肉じゃが

材料（２～３人分）

牛肩ロース薄切り肉：200ｇ
じゃがいも：４個
玉ねぎ：１個
ごま油：大さじ１
しょうゆ：大さじ２
砂糖、みりん：各大さじ１

作り方

1. じゃがいもは皮をむいて４等分に切り、水に３分さらす。玉ねぎは縦薄切りにし、牛肉は一口大に切る。
2. フライパンを熱してごま油をひき、玉ねぎを強火で炒める。しんなりしたら脇に寄せ、空いたところに牛肉を入れて炒める。牛肉の色が変わったらしょうゆ、砂糖、みりんを加えて炒め合わせる。

KENTARO'S POINT

フライパンで煮ることで煮くずれを防ぎ、ホクホクに仕上がる。
材料を炒める時は、ごま油を使う。こうすることで、一層風味がよくなる！

3. 全体になじんだら、水気をきったじゃがいもを並べる。水をじゃがいもの高さ⅔くらいまで注ぎ、蓋をして強火で煮る。たまに何度か混ぜながら２０分くらい煮る。
★じゃがいもは芯の部分が硬いので、芯を下にして煮込むこと！
4. 水分が少なくなってきたら竹串を刺し、スーッと通ったら蓋を取って大きく混ぜながら水分を飛ばして、カラッと仕上げる。（じゃがいもがやわらかくなる前に水分がなくなったら、水を適宜足しながらやわらかくなるまで煮る）

国分家のきんぴら（レンコン）

材料（２～３人分）

レンコン：１節
赤唐辛子：２本
サラダ油：大さじ½
しょうゆ：大さじ１
酒、みりん：各小さじ１
白いりごま：大さじ½

作り方

1. レンコンは皮をむいて縦半分に切り、３㎜厚さの半月切りにし、酢を少々（分量外）加えた水に５分さらす。
赤唐辛子はへたと種を取り除き、キッチンバサミで小口切りにする。
2. フライパンを熱してサラダ油をひき、水気をきったレンコンを加えて強火で炒める。
しんなりしたら赤唐辛子、酒を加えてザッと炒め、しょうゆ、みりんを加えて炒め合わせる。
3. 仕上げに白いりごまを加える。

小林家のきんぴら（ごぼう）

材料（２人分）

ごぼう：½本
赤唐辛子：２本
ごま油：大さじ１
みりん：大さじ１
しょうゆ：大さじ½
白いりごま：大さじ１～２

作り方

1. ごぼうはよく洗い、６～７㎝の長さに切ってから縦細切りにし、酢を少々（分量外）加えた水に３分さらす。
2. フライパンを熱してごま油をひき、水気をきったごぼうを加えて強めの中火で炒める。
少ししんなりしたら、へたを取った赤唐辛子を種ごと加えてさらによく炒める。
3. ごぼうが透き通って火が通ったら、みりん、しょうゆを加えて炒め合わせ、白いりごまを加えて混ぜる。

男子ごはんトーク集 ❺
夏のおもしろトーク集

#011
うなぎちらし寿司
2008.06.29 OA

焼いたうなぎ

――食材説明で
ケ「まず、うなぎですよ。もうほんと市販の…」
太「驚いたのが、うなぎが焼いてある状況じゃないですか？」
ケ「はい、焼いてあります！」
太「すごいラクしてるなっていうね（笑）こんな（焼いてある）状況って、具材の説明でいいのかな…って（笑）許されるんですか？コレ」
ケ「全然アリですね！」
太「マジっすか？」
ケ「料理業界では、ほんとに誰もが皆、あ～そうだな…って今、思ってる」
太「思わないでしょ？」
ケ「ほんとに、焼かないよね普通…って」
太「(笑)！」

太一のムチャぶりレシピ　その①

――あさりのお吸い物で、だしに使った昆布を鍋から取り出したところで
ケ「これよく何かに使えますか？って聞かれますが、煮物にしたりとかで使えます」
太「じゃあ、出した昆布で何を作りましょう？」
ケ「今日は、寿司だから、いいじゃん！」
太「いやいや、もったいないじゃないですか、だって！作りましょうよ、何か！」
ケ「だったら、オレが帰ってから使うから、家で」
太「今ですよ！今、知りたいワケですよ、ここで！」
ケ「ほんとに？」
――太一のムチャぶりに応えるケンタロウ
太「おっ、何ですか？」
ケ「おかか！かつお節…」
太「これ、今ほんとに、考えてんですか？」
ケ「ほんと、ムチャクチャだよね…」
太「すごいね～（笑）！だって、冷蔵庫とか本気で探してるもん」
ケ「10年ぐらい仕事してるけど、こんなこと初めてだよね？」

#012
夏野菜の天丼
2008.07.06 OA

太一のムチャぶりレシピ　その②

――太一レシピ・カブの浅漬け（実だけを使用）が完成し
ケ「これ、(カブの）葉っぱ…」
太「葉っぱ…、じゃあ、ガチで何か作ってください！」
ケ「きたぁ～（笑）！またきたぁ～？」
太「葉っぱ気にしたんだったら、自分で責任を持ってください！」
ケ「そういう展開かよ～（笑）！ほんと、驚くよねぇ～。…ほんとに？」
太「ほんとに、何か美味しいの知りたい！」
ケ「(ケンタロウ事務所のスタッフに）ちょっと、ウチの調味料出してー！」
ス「はい」
太「すごいね～、ガチっておもしろい！！」
ケ「何を今日、持ってきてるかだよね？それによって、すごい制約…（見て）大したもの、持ってきてないね、また！（事務所スタッフに）にんにく持ってる？」
ス「にんにく、ないです…」
太「にんにく…なしっ！！」
ケ「はい（笑）で、また何か、嫌がらせみたいなの出してきたでしょ？」
太「シナモン（笑）！！」
ケ「ないない（笑）！なんでにんにくがないのに、シナモンがあんの？」
太「(あるものを見つけ手に取り）すごいものありますよ、これ！…“DEATH（デス）”って書いてありますよ（笑）！」
ケ「デスソース…。死ねってこと？？」
太「カブの…（笑）」
ケ「カブのデスソース和え！みたいな」
太「(笑)！！」
ケ「まぁ、ないねぇ？」

#013
冷やし担々麺
2008.07.13 OA

ケンタロウ事務所のミス？

太「今日は包丁切れないなぁ～」
ケ「マジっすか？」
太「何か、いつもの切れ味が…」
ケ「あ！…それ言う？ケンタロウ事務所のミスを…ここで露呈させるってこと？」
太「どういうミスがあったんですか？」
ケ「え～まぁ…、包丁は、料理人の命です！」
太「はい」
ケ「え～、ケンタロウ事務所、本日…事務所から包丁を持ってくるのを、忘れました！」
太「(一瞬止まり辺りを見回す）…これ、ＫＰ（ケンタロウズポイント）じゃないですか？」
ケ「はははははは（笑）！」
太「これは…あ、そうですか！」
ケ「で、朝（事務所スタッフから）電話が掛かってきて、家から包丁を持ってきてくれ…って言われたんですけど」
太「アシスタントの人に？」
ケ「はい。まぁこれ（今使っている包丁）、次に研ぎに出すべき、故障者リストみたいな…」
太「なるほど～（笑）！」
ケ「だから、ちょっと今、ファームなんですよ」
太「すんごいコイツ、切れ味悪いですもん！」
ケ「びっくりしますよね？」
太「でも、びっくりしたのは、アシスタントの人でしょうね？『はぁぁぁぁ！！！！』…っつって！」
ケ「ほんとに（笑）」
太「オレ、でも、アシスタントの女性だから、全然かわいいなと思いますよ。あ、こんなミスもあるんだな…って」
ケ「ほぉ、ほぉ」
太「(いきなり強い口調で）ケンタロウさんだったら本気で怒りますから！！」
ケ「いやいや、なんで、なんで（笑）？
なんでよ（笑）？」

手持ちぶさただったら…。

ケ「(フライパンで具材を炒めながら）こう、もし手持ちぶさただったら、軽く塩こしょうを…」
太「えぇぇぇぇぇ～っ（笑）！ちょっと待ってください（笑）！“手持ちぶさただったら”軽く塩こしょう入れるんですか（笑）？」
ケ「そうそう！」
太「じゃあ、入れなくてもいいってことですか(笑)？」
ケ「入れなくてもいいです！」
太「すーげぇ斬新！！こーれは、『男子ごはん』ならでは！手持ちぶさただったら、入れてみる！！」
ケ「したかったら、すればいい！」
太「すっごいわ、ケンタロウさん！カッコいい！」

#014
エビマヨ
2008.07.20 OA

ケンタロウクイズ

ケ「(エビの皮をむき終え）エビといえば、このあと…」
太「はい！」
ケ「何するか、覚えてますよね？」
太「(目が泳いで）……ん？？」
ケ「いや、ん？…っていうか。（前に）やったじゃないですか？」
太「(急に強気になって）分かってますよ～！片栗粉でしょ！！」
ケ「あ！！台本見たでしょ！？」
太「見てない（笑）！……まぁ、見ましたけど」
ケ「(笑)！」

ねぎのみじん切りで目が痛くならない方法

太「(長ねぎをみじん切りしながら) すげぇ、目が痛い！これ、目が痛くならない方法あるの、知ってます？」
ケ「なんですか？」
太「あの〜、鼻にティッシュを詰めてやると、ぜっったいに、大丈夫ですよ！」
ケ「目なのに？」
太「うん。やりましょうか？」
――鼻にティッシュを詰め込む太一
太「近くで切りましょうか？」
ケ「はい。なんか、牛みたいになってますけど…」
太「これ、ほんとに大丈夫ですから！」
ケ「目は大丈夫かもしれないですけど、大丈夫ですかね？その〜、アイドル的に（笑）！マニアには、たまらない映像になってますよね、きっとね（笑）」
太「すごい、目にきた（笑）！！」
ケ「あはははは（爆笑）！！ダメじゃん（笑）！！」
太「あれぇ〜？全然ダメだ〜（笑）！すっげぇ、目にきた！！（涙目）」
ケ「ナニ情報？それ？？」
太「これね、何かテレビでやってた情報をやったんすけどね、号泣ですわ！」
ケ「普通にダメじゃないですか？目にティッシュを詰めるんじゃないですか？」
太「いやいやいや…（笑）」

#015

ゴーヤチャンプルー

2008.07.27 OA

太一が本能のままに…

――付け合わせの混ぜおこわを作り始め、炊飯釜からモチ米をボウルに入れるのを任された太一
太「(入れながら) モチ米は、炊かないなぁ…」
ケ「あれ？モチ嫌いだったっけ？」
太「いやいや、大丈夫です」
――などとしゃべっている途中に何を思ったか…
太「(急にボウルに入れたモチ米を食べる太一) …なんで、普通に食ったんだろ？オレ、今（笑）あはははははは（笑）！！」
ケ「(爆笑)！！」
太「すんごい驚いた、今（笑）！！」
ケ「あはははは（爆笑）！！なんで（笑）？」
太「分からない（笑）！！」
ケ「普通のモチ米だよ（笑）！」
太「なんで今オレ、食べたんだろ（笑）？ほんとにおなかすいてたんでしょうね（笑）！」
ケ「自然な…（笑）」
太「うわ〜、驚いた（笑）！！」
ケ「おなかすいてるんだなぁ…」

#016

冷や汁

2008.08.03 OA

ケンタロウ劇場〜自作自演な感じ

ケ「(煮出したかつお節を鍋から取り出し) これ、料亭とかでやると、ぶっ飛ばされると思うんですけど、これ、絞ります。(と、取り出したかつお節から汁を絞るケンタロウ)」
太「あ、大事ですよね？でもこれね？」
ケ「だって、ここに相当入ってるワケですよ、濃い〜のが。エグみが出るとか色んなこと言われるんですけど」
太「料亭で働いている人が見ていたら、『ケンタロウ、コノヤロウ！！』っていう…」
ケ「そうですね。『許せねぇ！！』みたいな…」
太「『邪道じゃあ！！』っていう…」
ケ「『あいつ、何にも知らねぇんだな！』っていう…(急にガラが悪くなり) あぁ！何にも知らねぇよ！！みたいな」
太「(爆笑)！！何にも言ってない（笑）！誰も何にも言ってないですよ（笑）！」
ケ「(ガラ悪く) あぁあぁ、オレは何にも知らねぇよ！みたいな」
太「自分の言ったことに腹立つ人って、珍しいですよ（笑）！」
ケ「自作自演な感じかなぁ…（笑）」

ミキサーを使いますが、…何か？

ケ「ほんとは冷や汁は、そもそもは、大っきなすり鉢で、ガリガリガリってごまをすって、みそを混ぜて、その中をだしでのばしていって、干物とかも全部すり鉢ですって作るんですよ」
太「へぇ〜、そうなんですか！」
ケ「でも、ある日ふと、ミキサーにかけたらできるんじゃないかと思ったんですよ。やってることは同じなんじゃないかと」
太「そっか、そっか。そこが大変だって思ってる人も多いと思いますもんね！」
ケ「そうそう。でも、それをやんないことには、独特の風味が出ないんで。で、やったら、あっさりできたんです」
太「へぇ〜〜」
ケ「で、別に違いも感じられない。これも、昔ながらのやり方でやってる人には、ぶっ飛ばされるかもしれない」
太「でも、それがＫＰ（ケンタロウズポイント）なワケですよね？」
ケ「これが、ＫＰなんですよ！もう、ミキサーでやっちゃいますよと。…何か？ってことですよ」
太「(笑)！！」

#017

タコス

2008.08.10 OA

ケンタロウ小学生になる

――サルサ作りの工程で
ケ「パクチー、苦手な人いるじゃないですか？」
太「僕、苦手です…」
ケ「ね？なので、ちょっと２種類作ろうかなと」
太「ほぉ。パクチーの代わりになるものを…」
ケ「はい。ここは、ちょっとしたケンタロウズポイントですよ！え〜、パクチーの代わりに、セロリの葉っぱを…」
太「おっ！」
ケ「ちょっとね、(パクチーと) 近いんですよ。だけど、セロリの葉っぱは、セロリ好きには何の抵抗もないじゃないですか？」
太「はいはい。じゃあセロリの葉っぱが嫌いな人はどうしたらいいんですか？」
ケ「(投げやりに) もう、入れなくていいっっ！！」
太「(笑)！『なんだよ〜、ケンタロウ！』って言ってる人、いますよ。『結局、セロリの葉っぱかよ！』みたいな（笑）」
ケ「うるせーバカ」
太「あはははは（笑）！最低だよ（笑）！」
ケ「くそぉ、バーカバーカ！！」
太「小学生だよ（笑）！」
ケ「(笑)！」

太一パクチー好きのイメージ

太「でも、パクチーを食う大人の男性って憧れるんですよ！（すかした感じで）『パクチー、嫌いなのぉ〜？オレとかぁ、こんもり入れるけどねぇ〜』みたいな（笑）言う人、いるじゃないですか（笑）？」
ケ「なんで、そんなすかしたヤツなんですかね（笑）？」
太「ちょっとエリ高めの人が（笑）！」
ケ「あはははははは（笑）！確かに、パクチーが食べられるようになったら、パクチー抜きでは物足りなくなりますよ。タイ料理とか」

男子ごはんトーク集⑤

夏のおもしろトーク集

太「そう言うじゃないですか？克服したい！『あ～、これこれ～！こぅれこぅれぇ～』って言って！」

ケ「だから、なんでそんなにすかしたヤツなんですか（笑）！」

太「（笑）！」

パクチー入りタコスを試食

太「パクチー、頑張ってみていいですか？」

ケ「頑張ってみますか？（太一の入れる量を見て）結構いきますね～！」

太「どうせいくならねぇ！（パクチー入りを食べて）………（無言）。食えないワケじゃないんですよねぇ…」

ケ「あはははは（笑）！」

太「でも、セロリの方がいいなぁって感じなんですよね」

ケ「オレ、料理を作って、『食えないワケじゃない』って言われたの、初めてです（笑）」

太「（笑）！」

#018

鶏と豆腐のチゲ

2008.08.17 OA

麦茶です！

——食材説明で

太「では！食材の方、お願いしま～す！」

ケ「え～、これは僕の麦茶です！（麦茶のグラスを手に）」

太「（笑）！ちょっと暑いんでね！」

ケ「夏だから！」

太「夏だから。麦茶を飲みながら！」

ケ「はい」

暑っっつい！！

ケ「今日はねぇ、暑っっつい！！」

太「これ、伝わんないなぁ～（笑）しかも、この（煮込む）20分の間に、1回ブレーカーが上がり、エアコンが効かない状況になり、これはすごいことになってますねぇ～」

ケ「暑っっつい！だから、今日チゲを作るには、覚悟がいる！」

太「そうですね～」

ケ「（材料は）切ったら、（火のそばは暑いから）入れます！もうね！切ったら入れる！」

太「すぐにね（笑）！夏なんか特にすぐ入れてください！」

ケ「すぐ入れますよ！無駄な動きなしで！」

太「なしで（笑）！ほんとにね！もう僕なんか（切ったニラを）両手でね（鍋に入れる）！」

ケ「いっちゃう、いっちゃう（笑）！いっちゃうね（笑）！」

太「（鍋にニラを入れながら）…暑っつぅ！もう、ココ来たくない！」

2人「（笑）！！」

ケ「そこ、オレのメインの職場なんだけど…。その角…（笑）で、これ煮ますよ」

太「どれくらい煮ます？」

ケ「（暑さに）耐えられるまで！！」

太「（笑）！うわぁ！室温33度ですって、今！」

ケ「室温が33度！？外気温じゃなくて？」

太「そうですよ。（スタッフに）外気温は？30度ぐらい？」

ケ「あははははは（爆笑）！！」

太「あの～、スタッフさんの短パン率が増えたって話ね、昔からしてますけども、さっき、タンクトップの人いましたからね！」

ケ「いた（笑）！」

太「短パンにタンクトップの人、いましたもん！」

ケ「合宿か！…みたいな（笑）」

#019

ハンバーグ

2008.08.24 OA

ケンタロウのシャツが…

——ハンバーグをフライパンの上で淡々とひっくり返していくケンタロウ

太「相当難しいと思う！ケンタロウさん、普通にひっくり返してるけど」

ケ「これ、結構やわらかいんですよ。なので、あんまりこう迷ってると、そっから割れていっちゃうんで…もうパッと！（と、ハンバーグをひっくり返す）」

太「…あ！相当ハネましたよ！」

ケ「あっ……！（自分のシャツに派手にハネたハンバーグの汁を呆然と見つめるケンタロウ）」

太「相当ハネましたよ、今！何か、今、スタイリッシュにやってるつもりでしたよねぇ？」

ケ「（なおも、汁がハネたシャツを呆然と見続けるケンタロウ）」

太「もんのすごいハネてますよ（笑）！ものすごい、ブルーになってんじゃないですか（笑）！」

ケ「じゃあ、ちょっと慎重に…」

太「迷いはなく！ってさっき言ってたのに（笑）」

#020

中華定食

2008.08.31 OA

オレも思う！

ケ「肩ロース！」

太「これ、何故、肩ロース…？」

ケ「肩ロースが、オレ、肉の中で一番好きなんですけど、脂と赤身のバランスが一番いいと思うんですよね。…ただ、チンジャオロースーに向いてないのは、細切りにしにくい！」

太「あ～、確かに。何か、ちょっとクリンってなりますよね？」

ケ「そうそうそう！で、もも肉だと、ほとんど全部赤身なんで、細く切ったら、細いままいるんですけど。何せ、（肩ロースは）こう色んな筋や脂があったりして、こまごまになりやすいんですよ。…じゃあ、肩ロースじゃない肉でやればいいじゃないか！って、思うでしょ？」

太「思う！」

ケ「オレも思う！！」

太「（笑）！」

急に弱気になる太一

——ねぎチャーハンの工程へ

太「僕、チャーハンは作ったことありますけど、やっぱ、ベチャーってなるんですよねぇ～」

ケ「なりましたか！」

太「なります、なります！」

ケ「じゃあ、今日は（太一くんが）！」

太「オレですか？オレ作んの～？（急に）あ…オレ、チャーハン作ったことないかもしれないです。すいません、何か…」

ケ「何、何、何、何（笑）？」

太「オレが作るとは…。『太一くん、じゃあどうやって作ってたの？』って言われたら、全く覚えてないんでぇ！」

ケ「分かった！じゃあ、それは聞かないから（笑）！」

#021

肉じゃが

2008.09.07 OA

熱いからね！

——肉じゃがの味見

ケ「熱っっついからね！」

太「（ネタ）フリですか？」

ケ「違うってば（笑）！何見せてくれんの？じゃあそれ、フッたら！」

太「いやいやいやいや…（笑）」

——フライパンから肉じゃがをスプーンで取った太一を見て

ケ「あ！そのスプーン、食べにくいんだよね」

太「ほんとっすか？」

ケ「カパッてやんなきゃいけないから、熱い物には厳しいよねぇ」

——それでもスプーンで味見する太一

太「…！！（熱すぎて震えて全くコメントができない太一）」

ケ「（笑）！」

太「はぁ～！ふぅ～！はぁ～！（言葉にならない）」

ケ「熱い時って、味分かんないんだよ（笑）！」

太「（飲み込んで）んぁぁ～、じゃがいもっ！」

ケ「ね？」

太「殺人的ですよ、これ！」

ケ「熱いって言ったじゃん（笑）！！」

——続いてケンタロウも味見

ケ「（口に入れた瞬間！）はふ…、はふ…、はふ…」

太「（笑）！」

ケ「（キッチンのまわりをウロウロし出すケンタロウ）」

太「じゃがいもですか？犯人は！犯人、じゃがいもですよね？」

ケ「はふ…、はふ…」

太「大人だから、やめなさいよ、出すのは！」

ケ「（なおも熱がりながら、キッチンを歩き回るケンタロウ）」

太「何かグーグーガンモみたいになってる（笑）！じゃがいも、熱いっすよねぇ？」

ケ「（ようやく飲み込んで）……熱っっっつい！！」

AUTUMN

男子ごはんの秋。

サンマ、きのこ、栗…など秋の味覚が思う存分楽しめる、旬の

AUTUMN

022

旬の秋定食

サンマの塩焼き／きのこのみそ汁
ひき肉と甘栗の炊き込みごはん／インゲンの白和え
2008.09.14 OA

「実りの秋にふさわしい、旬の食材をふんだんに使った定食。品数が多いのでちょっと難易度が高そうですが、「炊き込みごはんの下ごしらえをして、炊飯器のスイッチを入れる」→「インゲンの白和えを作る」→「きのこのみそ汁を作る」→「サンマを焼く（焼いている間に、大根おろしを作る）」という手順で進めていけば、あっという間に四品が完成！
メインのサンマは、フライパンで焼くのがポイント。フライパンのサイズに収まるよう半分に切り、あとは蓋をして両面にこんがり焼き色がついたらできあがりです。ちょっと意外な調理法ですが、太「うまい！　全然フライパンでも大丈夫ですね！」、ケ「でしょう？　ふっくらで、表面は香ばしいし」というように、魚焼きグリルを使わなくても美味しく焼けるので、ぜひお試しを！　その他のメニューも、鶏ひき肉の旨味と栗の甘味が凝縮された炊き込みごはん、ごまの風味とインゲンの食感がたまらない白和え、きのこのだしがしっかり出たみそ汁…どれも、食欲の秋に楽しみたい絶品ぞろいです。」

photo by TAICHI

美味しさを満載した定食

サンマの塩焼き

材料（２人分）

サンマ：２尾
サラダ油：大さじ１
塩：少々
大根おろし、しょうゆ、
すだち：各適宜

作り方

1 サンマは水気を拭いて半分の長さに切る。
2 フライパンを熱してサラダ油をひき、１を並べて塩を振り、蓋をして中火で焼く。焼き目がついたら返して両面をしっかり焼く。
3 器に盛って大根おろしを添え、しょうゆ、すだちをかけて食べる。
★脂ののった秋のサンマには、食感のある大根おろしがよく合う！「鬼おろし」（P.127参照）を使って大根おろしを作るのがベストです。

きのこのみそ汁

材料（４人分）

煮干し：10ｇ
水：３カップ
しめじ、まいたけ：各½パック
なめこ：１パック
みそ：大さじ２～３
青ねぎ（小口切り）：適宜

作り方

1 煮干しは頭とワタを取り除く。鍋に水と煮干しを入れて１５分程おく。
2 しめじは石づきを落として小房に分け、まいたけも小房に分ける。なめこは軽く洗って水気をきる。
3 １を中火にかけ、沸いてきたら２を加えてアクを取りながら１０分煮る。味をみながらみそを溶き入れる。
4 お椀によそって青ねぎをちらす。

ひき肉と甘栗の炊き込みごはん

材料（４人分）

米：２合
鶏ひき肉：150ｇ
甘栗：200ｇ
a 薄口しょうゆ：大さじ１
　みりん：大さじ１
　塩：１つまみ

作り方

1 米は洗って水気をきり、炊飯釜に入れて目盛に合わせて水を加える。
2 甘栗は殻をむく。
3 １から水大さじ２を取り除いてからａを加えて混ぜる。上に甘栗、鶏肉を載せ、普通に炊く。

KENTARO'S POINT

炊き込みごはんを炊く時は、お釜から調味料分の水を取り除く（今回は「大さじ２」）。こうすると、炊き上がりの味が薄くならず、お米の硬さもちょうどよく仕上がる。

4 炊き上がったら濡らしたしゃもじでサックリと混ぜ、器によそう。

インゲンの白和え

材料（２～３人分）

インゲン：１袋
豆腐（絹）：½丁
a 白すりごま：大さじ１
　みりん：大さじ½
　砂糖、薄口しょうゆ：各小さじ１
塩：適宜

作り方

1 豆腐はザルに載せ、皿などの重しを載せて１５分くらい水切りをする。
2 インゲンはへたと筋を取り除き、塩少々を加えた熱湯でさっと茹で、斜め半分に切る。

KENTARO'S POINT

インゲンの湯通しは、30秒を目安に。豆本来のしっかりとした食感を残すため、あまり茹ですぎないことがポイント。
ケ：「茹ですぎたインゲンだったら、食わない方がいい」
太：「（笑）それは、食感が死んでしまうということですか？」
ケ：「はい！」

3 ボウルに１、ａを入れて混ぜ、２を加えて和える。味をみながら塩でととのえる。

にんにくの旨味、風味を堪能！　手軽に作れてビールによく合

AUTUMN

023

手羽元のにんにく炒め煮

ブロッコリーとカリフラワーのアリオ・オリオ

2008.09.21 OA

スタミナ料理の代表格といえば、にんにくがガッツリ効いたもの。残暑の疲れを感じるこの季節。スタミナがつく料理を食べたい！　というわけで、今回はにんにくが主役の料理にトライ。
メインの手羽元のにんにく炒め煮は、調理中からキッチンに香ばしいにおいが立ち込め、太「うわ、いいにおい！　こんなにおいの女の子がいたらついて行っちゃうな（笑）」、ケ「鶏とにんにく臭の子…それ、満腹時は辛いよ！」と、早々ににんにくパワーにノックアウトされていた二人。待望の試食タイムには、１ヵ月前から二人で手作りしてきた『男子ごはん』ラベルのビールで「乾杯～！」。手羽元のにんにく炒め煮は、豪快に手づかみでいただきます。太「パンチありますね。スタミナつきそうな味するもん！」、ケ「でも鶏だから、さっぱりじゃないですか？」。もう一品のアリオ・オリオは、太「ああ…もう、間違いない味。野菜がいっぱい摂れますね」とヘルシーな美味しさが◎。ケ「パンチがあってお酒も美味しく飲めて、でも結果、野菜もたくさん食べられる！」。どちらもビールに相性ぴったりなので、おつまみとしても最高です！

photo by TAICHI

う、スタミナ料理

手羽元のにんにく炒め煮

材料（4人分）

手羽元：16本
にんにく：1玉
ごま油：大さじ1
a［水：1カップ
　みりん：大さじ2
　しょうゆ、オイスターソース：各大さじ1

作り方

1 にんにくは皮をむいて木べらでつぶし、芽を取り除く。

KENTARO'S POINT

にんにくは、木べらでつぶすことで味が染み出しやすくなり、食感もよくなる。

★よいにんにくの選び方！
皮の色が綺麗な白色で粒が大きく、締まっているのがよいにんにく。反対に、皮が茶色かったり、カサカサしていたりするものは古いにんにく。

2 フライパンを熱してごま油をひき、手羽元を並べて強火で全体を焼きつける。

KENTARO'S POINT

手羽元は、強火でしっかり焼きつける。
太：「焼く時は、皮の方からですか？」
ケ：「そうですね、皮を下にして。ここで焼き目をガッツリ」
太：「焼き目をつけてから煮込んだら、香ばしさが飛ばないですか？」
ケ：「香ばしさは煮汁に溶け出すので。カリカリ感はなくなりますが、見た目もよくなります」

3 空いているところににんにくを加えて炒め、焼き色がついたらaを加え、蓋をしてたまに混ぜながら7〜8分煮る。

ブロッコリーとカリフラワーのアリオ・オリオ

材料（4人分）

ブロッコリー：½株
カリフラワー：½株
にんにく：3片
赤唐辛子：1本
オリーブ油：大さじ1
塩、こしょう：各適宜

作り方

1 ブロッコリーとカリフラワーは小房に切り分ける。にんにくはみじん切りにする。赤唐辛子はへたと種を取り除く。

KENTARO'S POINT

ブロッコリー、カリフラワーは下茹でしない。
ケ：「生で炒めていくので、ブロッコリー、カリフラワーは小さめに切ってください」
太：「それはどうしてですか？」
ケ：「その方が歯ごたえがいいんですよ。つまり、下茹でする必要がないんですよ」

2 フライパンを熱してオリーブ油をひき、塩1つまみを加え、にんにくを弱火で炒める。香りが出てきたらブロッコリーとカリフラワー、赤唐辛子を強火で炒める。

★ブロッコリー、カリフラワーを入れる前に、油に塩を溶かしておくとまんべんなく味がいきわたる！

3 少し焼き目がついてきたら塩、こしょうで味をととのえる。

アリオ・オリオとは？
イタリア語で、「アリオ（＝にんにく）」、「オリオ（＝油）」を使った料理のこと。

「うわぁ、うんまいっ!! きのこ丸出し！」と太一絶賛。 旬の

AUTUMN

024

秋鮭ときのこのクリームパスタ

やってんじゃないの風サラダ（P.70）

2008.09.28 OA

きのこはケンタロウにとって、秋に旬を迎える食材の中で欠かせない物の一つ。それに秋鮭をプラスして、秋味満載のパスタを作ろう！というのがこの回のテーマ。トークコーナーでは、ヤマブシタケやタモギタケ、バイリング…などレアで美味しいきのこが紹介され、実際にそれぞれの試食も行われました。中でも美味しさが際立っていた“本しめじ、あぎ茸、バイリング”は実際にパスタソースに加えることに！ ベストな硬さで茹で上がったリングイネをソースにからめたら、熱々を「いただきます！」太「うわぁ、うんまいっ!! きのこ丸出し！」、ケ「きのこの味が、本当に濃いですね」、太「サーモンとも合う！ あとは、パスタのモチモチ感がいいです」、ケ「そう！ これはリングイネの特徴で、噛みごたえがありますね」と、数種のきのこと秋鮭の旨味が複雑にからみ合ったソースは、例えようのない深い味わい。レアなきのこを使ったことで、ケンタロウも想像以上の味に仕上がったようです。きのこは、複数使った方が絶対に美味しくなる！ということなので、ぜひお好みでアレンジを！

photo by TAICHI

味覚を、クリーミーなソースで！

秋鮭ときのこのクリームパスタ

材料（2人分）

リングイネ：150ｇ
生鮭：2切れ
マッシュルーム、エリンギ、しめじ：各½パック
にんにく：1片
オリーブ油：大さじ1
白ワイン：大さじ1
生クリーム：½カップ
牛乳：½カップ
塩、こしょう：各適宜
イタリアンパセリ（粗みじん切り）：適宜
パルメザンチーズ：適宜

作り方

1 マッシュルームは縦4等分に切る。エリンギは食べやすく裂く。しめじは石づきを落として小房に分ける。にんにくはみじん切りにする。生鮭は水気を拭いて骨があったら取り除き、一口大に切る。パルメザンチーズはピーラーで削る。

2 リングイネは塩を加えた熱湯で表示時間より1分短めに茹でる。
★リングイネを袋の表示時間より1分短く茹でることで、余熱による火の通りすぎを防ぐことができる！

3 フライパンを熱してオリーブ油をひき、鮭を並べて塩、こしょうを振って強火で焼く。両面にこんがりと焼き色がついたらきのこを加えて炒める。

KENTARO'S POINT

きのこは強火でしっかりと炒める。
ケ：「きのこって、さっと焼き色がついた程度でも食べられるんですけど、よく炒めれば炒める程コクが出ます」
太：「へえ！」
ケ：「なので、しっかり炒めます」

4 きのこがしんなりしたら、にんにくを加えて炒める。にんにくが色づいたら白ワインを加えてザッと炒め、生クリーム、牛乳を加えて弱めの中火で5分煮詰める。味をみて塩、こしょうでととのえる。

KENTARO'S POINT

ソースをよく煮詰める。
太：「これは煮詰めるんですか？」
ケ：「煮詰めます。弱めの中火からガンガンに沸騰させてもいいんです」
太：「なんで煮詰めるんですか？」
ケ：「味が凝縮して、麺にからみやすくなるんです」

5 茹で上がった2を加えてからめ、味をみて足りなければ塩、こしょうでととのえる。

6 器に盛ってパルメザンチーズ、イタリアンパセリをちらし、こしょうを振る。

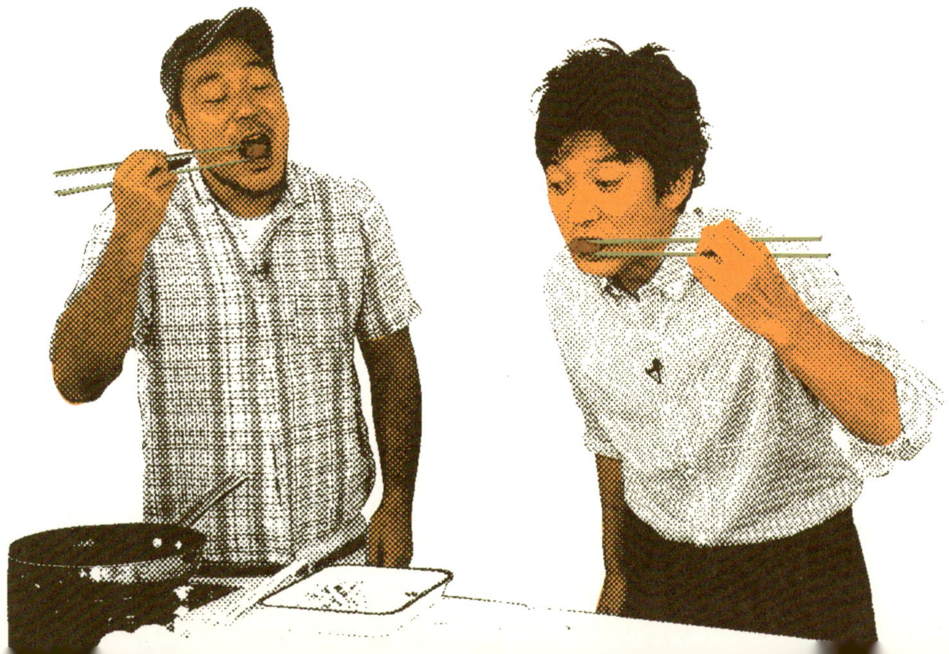

太一レシピ
TAICHI RECIPE

すげぇ！　ケンタロウさんが、オレの料理を作ってる

やってんじゃないの風サラダ

材料（２人分）

茹でタコ：150〜200ｇ
クレソン：½束
セロリ：１本
みょうが：２個
青じそ：５枚
しょうが：１片分
白髪ねぎ：10㎝分
白いりごま、ごま油、ポン酢：各適宜

作り方

1 タコは水気を拭いてぶつ切りにする。クレソンは根元を落として３㎝長さに切る。セロリはピーラーで皮をむいてから５㎝長さに切り、さらに縦薄切りにする。青じそ、みょうが、しょうがは千切りにする。
2 ボウルに１、白髪ねぎを入れて混ぜ、ポン酢を回し入れて和える。
3 フライパンでごま油を熱し、２に加えて和え、白いりごまも加えてザッと和える。

セロリやみょうがなど、香りのいい野菜をふんだんに使います。

盛り付け方が「プロっぽい（笑）」と自画自賛！

COOKING!! TALKING!!

太「今日はねぇ！えぇ〜、“やってんじゃないの風サラダ”！」
ケ「あぁ〜、それは、太一くんがね！意外とやってんじゃねぇの？と（笑）」
太「やってんじゃん、ちゃんと！っていうようなサラダをね、作りたいと思いますけども…。でもほんとに美味しいです！」
ケ「やってんじゃないの風！」
太「クレソンと、セロリと、白髪ねぎ、青じそ、みょうが、しょうが…」
ケ「いいっすねぇ！香りの物を！」
太「で、ごま！ごまは、ケンタロウさんが好きだから、入れてみようと…」
ケ「おっ！ありがとうございます！」
太「あと、タコです！」
ケ「これ、何かヒントになったものとか？」
太「これは、何かね、料理番組とかを見ていて、生の物とかに、アッツアツの油を最後にかけるっていう…」
ケ「はい、ありますね。そういうやり方が」
太「すっげぇ、カッコよく見えたんですよ！」
ケ「カッコいい（笑）！憧れですよね？」
太「だから、それ、やってみたいなっていう…」
ケ「分かりました！でも、この組み合わせは、絶対うまいですよね？」
太「いいですよね？（食材を切っているケンタロウを見て）すげぇ！ケンタロウさんが、オレの料理を作ってる！」
ケ「んふふ（笑）使うのは、ごま油とポン酢だけなんですか？」
太「そうなんですよ！」
ケ「へぇ〜っ！」
太「どうしよう？味が薄かったら…」
ケ「でも、ポン酢なんか、いくらでも足せるんじゃないですか？」
——完成間近、サラダの上に白髪ねぎや白ごまを盛り付けながら
ケ「プロっぽい（笑）！」
太「プロっぽい（笑）！」
ケ「やってんじゃねぇの風サラダ（笑）！」
太「何か、韓国料理食いたくなってきたな…」
ケ「パスタなんだけどさ、今日。知ってる？」
太「（笑）もう、ごま油大丈夫っすか？」
ケ「大丈夫だと思いますね〜」
太「いきますよ！（熱したごま油をかけ）ウゥゥッフゥ〜っ！！」
ケ「いいねぇっ、いいっ！うまそう！！」
太「うまそぉ〜っ！！」
——味見
太「うまあいっっ！！」
ケ「うまぁい！！んん〜！！」
太「あっさりしてる！」
ケ「クレソン、いいっすね！」
太「うん。で、ちょっと足りなかったら、ポン酢かけたりとか…」
ケ「これ、クリームのパスタとイケる（合う）と思う！」
太「ほんとですか！？」
ケ「うん」
——さらに時間をおき…
ケ「ちょっと、こう今しんなりなじんだ感じが、またうまそうですね！（食べて）うん、うん！ごま油がなじんだ感じが、最高！」
太「ほんとですか？」
ケ「うん！」
太「う〜ん、うまいうまい！そう、この味です、この味！香りの強い野菜が合いますよね？」
ケ「合いますねぇ。ごま油が、いい感じにこう、まろやかにしてて、ほんとうまいっ！」
太「おぉっ！意外と（クリームパスタと）合うんじゃないですか？」
ケ「合いますよ！」

男子ごはんトーク集⑥
秋のオープニングトーク集 前編

#022
旬の秋定食
2008.09.14 0A

悩んでます！

太「さぁ、ケンタロウさん！ちょっと肌寒くなってきたじゃないですか？で、悩んでることがあるんですけど～」
ケ「はい」
太「いつまで短パンでいきましょうか？」
ケ「あ！悩んでますか！」
太「悩んでます！確実に冬は来ます！」
ケ「来ますねぇ！」
太「これ、冬が来ても、短パンなのかどうなのか！」
ケ「どこまで頑張れるかなぁ…？」
太「冬はどうなんですか？」
ケ「オレ、11月前半ぐらいまで短パンでギリギリ…」
太「あっ、マジっすか！？すごい、それは！じゃあ、いけるところまでいきましょうか！」
ケ「ハイソックスとか履きましょうよ！」
太「ははは（笑）！オレだったら、長ズボン履きますね～（笑）」
ケ「いやいや…（笑）」

#024
秋鮭ときのこのクリームパスタ
2008.09.28 0A

太一の“言いっぷり”

太「そして今日は！」
ケ「あっ、そうですよ！そう！！」
太「僕が、」
ケ「付け合わせを！」
太「はい」
ケ「それもうホントに、毎回にしたいぐらいですよ、オレは！」
太「僕、色んな仕事してるんですよねぇ～（笑）」
ケ「あはははは（笑）！！」
太「あの～、料理だけ作ってるワケじゃないんでぇ～（笑）」
ケ「（笑）！何？何？何か人が料理だけ作ってラクだよなぁ～みたいなその言いっぷりは（笑）！」
太「いや～、そう聞こえちゃったら、しょうがないっすけど（笑）」
ケ「あはははは（笑）！！」

#028
エビ餃子
2008.10.26 0A

香港ロケの思い出

太「さぁ、ケンタロウさん！先週まで、香港行ってましたねぇ～！」
ケ「行ってましたねぇ！」
太「楽しかったですねぇ～！」
ケ「楽しかった！！」
太「まぁ、僕の中での思い出は、やっぱり…、カメラマンが遅刻したことですよねぇ（笑）！」
ケ「まぁ、それに尽きますよね（笑）？」
（ロケ当日の朝、カメラマンが寝坊で遅刻。飛行機出発に間に合わず、香港に遅れて合流）
太「もう、驚きましたねぇ～（笑）！」
ケ「（笑）！」
太「僕らに会うなり、『死にたいです……』って、言いましたからねぇ（笑）！」
ケ「あははははは（笑）！！ほんとに気持ちは分かります（笑）」
太「まぁ、そうでしょうね（笑）！起きた時は、もう…『はぁっっ！！』でしょうねぇ（笑）
（腕時計を見る仕草で）『はぁっっ！香港っっ！！』っていう…（笑）！」
2人「（爆笑）！！」
ケ「最悪ですよね？ほんとに（笑）」
太「ねぇ？幸先のいいロケでしたけどもね！」
ケ「最高！」

番組タイトルコール in JAPAN！

太「じゃあ、いつものやりますか！」
ケ「やりますか！」
太「久しぶりに！」
ケ「久しぶりにね！」
太「in JAPANで！」
ケ「in JAPANで（笑）！はい（笑）！」
太「やりましょうか！せーの！！」
2人「男子・ごはん！！」
太「（キッチンへ移動しながら）あぁ～、やっぱりココ（いつものスタジオ）がいいなぁ～」
ケ「ココがやっぱり一番落ち着く…」
太「香港だとね、人の目気にしながらやらなきゃいけないですからね（笑）！」
ケ「あはははは（笑）！全然気にしてなかったじゃん（笑）！！」
太「あはははは（笑）！！」

#029
中華粥
2008.11.02 0A

ホームページアクセスランキング

太「ケンタロウさん！すごいことが判明したんですよ！」
ケ「何でしょう？」
太「この『男子ごはん』、テレビ東京のホームページアクセスランキングで第1位を取ったんですよ！」
2人「（拍手）！！」
太「これ、すごいことですよ！！」
ケ「すごいですね！」
太「色んな番組ありますよ！」
ケ「ありますね」
太「その中で、『男子ごはん』が、第1位！！
やっぱり、僕らここで、大さじ何杯です…とか言ってないから！」
ケ「言ってないですねぇ。言ってない！」
太「（笑）！ちゃんとしてくれよ～！みたいな感じで見てくれてんすかね（笑）？」
ケ「じゃあ、ホームページ見るよ～みたいな（笑）」
太「（笑）！」

いつまで短パンでいきましょうか？
悩んでますか！

人気の豚肉メニューが、最強のタッグを組んだ！ 「豚×豚」、

AUTUMN

025

豚豚定食

ミルフィーユ豚カツ／豚汁

2008.10.05 OA

豚豚定食とは、読んで字のごとく、豚カツ＆豚汁のダブルで攻める「豚づくし」のスタミナ定食。古くから滋養強壮や疲労回復に効果てきめんといわれている豚肉ですが、その美味しさを思う存分楽しめる贅沢なラインナップです。

薄切り肉を重ねた豚カツは、「やわらかい！　肉汁がすごい。うまい。おろしじょうゆが豚カツをあっさりさせますね」と、太一の想像を絶するジューシーな食感がポイント。「こってり（＝ごまソース）」と「あっさり（＝おろしじょうゆ）」、2種類のソースで楽しむことで、飽きずに食べられるのもうれしいところ。なおかつ、脇役の千切りキャベツのシャキシャキした食感が、一層豚カツの美味しさを引き立てます。

豚汁の味付けは、「あえてだしを使わない」という極力シンプルな方法がケンタロウ流のこだわり。それでも、最初に豚肉と野菜類をごま油でしっかり炒めることで旨味たっぷりのだしが出るので、十分美味しい豚汁に仕上がるのです！　太「（炒めた時の）こげ目ですね、ポイントは。あと、このごま油の風味がいいなぁ」、ケ「コクですよね？」と、ホッとする味わいにご満悦の二人でした。

photo by TAICHI

ダブルの美味しさがうれしい定食

ミルフィーユ豚カツ

材料（４人分）

豚肩ロース薄切り肉：480〜500ｇ
溶き卵：１〜２個分
薄力粉、パン粉、塩、
こしょう、揚げ油：各適宜
a［中濃ソース：大さじ３強
　白すりごま：大さじ１
b［大根おろし：½カップ
　しょうゆ：大さじ１½
　みりん：大さじ１
キャベツ（千切り）、
くし形に切ったレモン、和辛子：
各適宜

作り方

1 豚肉は４等分に分け、１枚ずつ重ねて指で軽く押さえる。塩、こしょう各少々を振る。

KENTARO'S POINT

薄切り肉を重ねて、ミルフィーユ状にする。
太：「そうすると何がいいんですか？」
ケ：「食感がいいのと、すごくジューシーに仕上がるのと、揚げるのも楽です。
最近、よくある調理方法ですが、牛肉でやっても美味しいです」

★薄切り肉の間に、おろしにんにく、青じそなどを挟んで揚げても美味しい！

2 １に薄力粉をまぶし、溶き卵にくぐらせ、パン粉を押さえながらしっかりとつける。

KENTARO'S POINT

生パン粉を使うと、衣がよりサクサクに仕上がります！

3 フライパンに揚げ油を深さ２㎝入れて中温に熱し、２を中火で揚げる。衣が固まってきたらたまに返しながらしっかり揚げる。全体がきつね色になってきたら火を強めてカラッと仕上げる。

4 a、bをそれぞれ混ぜ合わせる。

5 ３を食べやすい大きさに切って器に盛り、４をつけて食べる。キャベツ、レモン、和辛子を添える。

KENTARO'S POINT

千切りキャベツは、氷水に浸す。こうすることで、シャキッとした食感になります。
キャベツについた水分は、サラダスピナーなどでしっかりきって！

豚汁

材料（４人分）

豚こま切れ肉：80ｇ
長ねぎ：１本
大根：３㎝
にんじん：３㎝
冷凍里いも：120ｇ
ごま油：大さじ１
酒：大さじ１
水：３½カップ
みそ：約大さじ３
白すりごま、七味唐辛子：各適宜

作り方

1 大根は５㎜厚さのイチョウ切りにし、にんじんは３㎜厚さの半月切りにする。長ねぎは２㎝幅の斜め切りにする。

2 鍋を熱してごま油をひき、豚肉と長ねぎを強火で炒める。肉の色が変わったら大根、にんじんを加えて炒める。

★豚肉と野菜をごま油で炒めることで素材から美味しいだしが出るので、豚汁には、あえてだし汁を加えない。

3 油が回ったら酒を加えてザッと炒め、水を加える。沸いてきたら火を弱めてアクを取りながら１０分煮る。

4 野菜がやわらかくなったら里いもを凍ったまま加えてひと煮し、味をみながらみそを溶き入れる。

5 器によそって白すりごま、七味唐辛子を振る。

AUTUMN

026

2008.10.12 OA

香港、行ってき

香港ロケ・前編
本場の飲茶、調味料との出会い

『男子ごはん』 in HONG KONG REPORT

香港の食事情から美味しいヒントをもらおうという目的のもと、キッチンを飛び出した二人。**ケ**「"飲茶"って当たり前に言うけど、本物はどういうものか知りたい」、**太**「僕、お粥が大好きなんです！」と、それぞれの野望を胸にいざ食の都へ。

まずは、フェリーに揺られて九龍半島から香港島へ移動。中環（中心商業都市として賑わう繁華街）の、地元民に人気の飲茶専門店「蓮香樓《リンヒョンラウ》」で飲茶を楽しむことに。飲茶の注文方法は、店内を回っているワゴン（熱々のセイロが載っている）から食べたい物を選ぶというもの。早速、定番の肉シュウマイから、日本ではあまりなじみのない豚の胃袋やレバーなどを使った蒸し物を堪能。そのバリエーションの多さに、**太**「点心は何でもアリだっていうことが分かりました」、**ケ**「（餃子など）包んでいる物ばかりじゃなくて、蒸している小皿料理も点心なんですよね」。おなかが満たされたところでさまざまな出店が軒を連ねる青空市場を散策。市場には、海外からも買い付けに来る人がいるという人気調味料専門店「九龍醤園《カウロンショウエン》」があり、テイスティングしつつ、しょうゆ、オイスターソース、チリソース、ごま油などを購入。**太**「これを使って日本で何か作りましょうね！」と言いながら、さらなるスポットへ移動。

お次は、香港を代表する名店「鏞記酒家《ヨウゲイジャウガー》」で飲茶タイム。そこで待っていたのは、ジャッキー・チェンの育ての親として、そしてレストランプロデュースやグルメツアー企画でも名を馳せるチャイ・ランさん。チャイ・ランさんから"飲茶とは、そもそも朝ごはんのこと（もともと、簡単なお茶請けと一緒にお茶を楽しんでいた習慣があり、後に点心が生まれて今のスタイルに進化した）"という話をうかがいながら、エビ餃子、揚げ春巻きなどに舌鼓。さらに、職人さんの技を見学しながらエビ餃子の作り方をレクチャーしてもらう！という貴重な体験も。中華包丁の刃で餃子の皮をのばす技に四苦八苦しつつ、なんとかクリアできた二人。蒸しあがったエビ餃子は、皮に具の色がほんのり透ける美味しそうな一品。**太**「これに近いものを日本で作りたいですね。ケンタロウさんのオリジナルでおもしろいものができたら」、**ケ**「『男子ごはん』バージョンでね！」と構想を練る二人でした。

ました。

AUTUMN

027

2008.10.19 OA

香港ロケ・後編
絶品お粥、そして地元穴場の屋台へ

ロケ２日目、香港の朝といえばお粥！ということで、朝食は太一念願のお粥を食べに行くことに。向かった先は、50年以上の歴史がある老舗お粥店「生記清湯牛腩麺《サンゲイチェントムアウナムミン》家《ガー》」。太一は川魚のアラ、ケンタロウは牛肉のお粥をオーダーし、お米がトロットロに溶けたスープ状のやさしい食感に大感激！　さらに、具が何も入っていないシンプルな白粥、サイドメニューとして空芯菜の腐乳ソース添えもオーダーし、**ケ**「なんで日本には朝粥の店がないのかな？やる（笑）？」、**太**「日本だとお粥って体調を壊した時のイメージですよね」、**ケ**「でも、これは前向きなお粥だね」とお粥文化に心酔しきり。食後は、厨房を見学させてもらうことに。このお店の調理方法は、10種類以上ある具からお客さんが好みを選び、具と白粥を合わせて強火で一気に仕上げるという香港ならではのスタイル。その様子を見つつ、「本当に美味しかった。日本に帰って作りたいですね」とアイディアを得た様子のケンタロウでした。

お粥で満腹になったあとは、お買い物タイム。'60～'70年代の器を扱っている食器店「事百機《シーバクゲイ》」の他、香港の街を知り尽くしているクレッグ・オウ・イェンさん（コミック作家、DJなど多方面で活躍）のガイドで、レトロかわいい雑貨を扱うお店が並ぶキャットストリートを散策したり、楽しいひとときを過ごす二人（戦利品は、P.76～77でご紹介）。

買い物後はクレッグさんと別れ、教えてもらった名物屋台街に向かうことに。すっかり日が暮れた高層ビル街を歩くと、突然ビルの谷間に昔懐かしい風情の街並みが出現！　**太**「僕が求めていたのは、こういう屋台ですよ！」、**ケ**「こういうところで食べるのは、旅の醍醐味ですね」と、香港映画のワンシーンを切り取ったような雑踏へ。実はここ、盛記《シャムゲイ》という、ガイドブックには載っていない知る人ぞ知る存在なのだとか。そんな地元民御用達のスポットで食べたのは、ガチョウの腸とピーマンをオイスターソースで炒めた物、骨付き肉が入った香港風酢豚、魚のすり身を青唐辛子・ピーマン・ナスに詰めて焼いた物、カニとねぎのしょうが炒めなど。次々に運ばれてくる品に「ホウメイ（美味しい）！」と連呼する太一にケンタロウも賛同し、ディープな香港の夜は更けていったのでした。

街の小さなお粥屋さんに、香港の偉大さを見た。(太一)

『男子ごはん』１年目のトピックといえば、２週にわたって放送した香港ロケ。名店から屋台まで、食の都・香港のさまざまな味を食べまくり、その経験を番組作りにフィードバックするという目的で２泊３日のツアーが敢行されました。
そして日本では味わうことのできないアジアの味に、たっぷりと魅了された…はずが、南国の香港のエネルギーを浴びた二人は食以外のツボも刺激され、おもしろグッズを買っては値段交渉に失敗したり。さらに肝心の食べロケでもタイミングを外してしまい…。今だから話せる“香港ロケの裏側”。あの時のあの映像には、こんな理由がありました。

映画のポスター
キャットストリートのディープでキッチュな香港雑貨を扱うお店で購入。『男子ごはん』っぽい！という理由から選ばれた、ブルース・リー主演の映画ポスター。持ち帰ったあとは、番組収録スタジオにディスプレイされています。

ブリキの戦車
こちらも、キャットストリートで購入した、ノスタルジックな風情のおもちゃ。

置時計
毛沢東《もうたくとう》のイラストが大胆にあしらわれた置時計。この他にも、文字盤の毛沢東が手を振る腕時計など、キャットストリートには毛沢東グッズがてんこ盛り。

花、鳥の絵が描かれた茶碗
「かわいいね！」と二人が一目惚れした茶碗。クレッグさんのアドバイスで、太一が電卓を使って初の値段交渉に挑戦しつつも、電卓の打ち間違いで“お店側から提案された値段のまま購入する”というカナシイ事態に…!!

ケ：本当はロケってあんまりやりたくないんですよ。（テレビへの）アウェー感が、より高まる。まず恥ずかしいんですよね。よく分からないまま人が集まってくるでしょ？

太：そういうところで大きい声を出すのが僕は好きなんですよ（笑）。

ケ：そこも太一くんはさすがだと思うよ。あと、普段はいいんですけど、ロケ中に「え、誰誰誰？」「知らない」って言われると、なぜかショック。いいんだよ、知られてなくて。だけどカメラに囲まれて調子にのってしたり顔でしゃべってるのに「知らない」って、あまりにもかっこ悪いじゃないですか。

太：僕も全然ありますよ。「あれ、長野博じゃない？」「ほんとだ！　長野くーん！」…ああ、まだまだだなと思いますよ、もうちょっと頑張んなきゃなって（笑）。

ケ：（笑）その点、香港は海外だし、このロケに行った時は驚く程日本人がいなくてよかったけど。そういえば１軒、ちょっと辛い店があったよね。地元では内臓系料理の名店なんだけど、残念ながら俺らの口には合わなくて。オンエアで見たら、俺、一口食べて、全くの無言でそれを太一くんの皿に載せてるの。でも太一くんも同じ感じで、食べたリアクションがないの。ただ、だんだん無口になっていく二人…という画だった（笑）。

太：僕はカメラが回ってないところで食いすぎてたんですよ。最初に行ったお粥屋さんがすっげー美味しかったじゃないですか。それで予想外にたくさん食べておなかいっぱいになった。本当は次のロケまでの空き時間に皆で食事する予定で、コーディネーターさんが店を予約してくれてたんだけど、もう無理だからってキャンセルしてもらって、ケンタロウさんはその間、ホテルに戻ったんですよね。僕は街をちょっと見ようと思ったんだけど、よくよく考えたらコーディネーターさんは食事

食べロケの合間に食事する人、初めて見た。(ケンタロウ)

茶碗、小皿、レンゲ
'60～'70年代に作られた食器を扱う店「事百機《シーバクゲイ》」で、飲茶に使いたい食器類を購入。ケ「結局、無地系がいいってことですよね」、太「食材を盛った時に、シンプルな方が合わせやすいですよね」と選んだ、白地に蒼の模様が美しい品々。

毛沢東の茶碗
キャットストリートのお店で、ケ「これいっちゃう？」、太「これにチャーハン盛っちゃう？」と勢い!?でゲットした茶碗。3種類選んだのは、「とりあえず、いつかゲストが来た時のために…」という太一の心遣い。

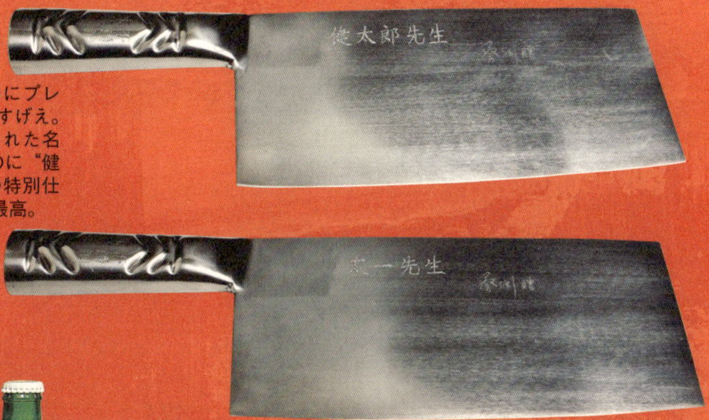

中華包丁
チャイ・ランさんが二人のためにプレゼントしてくれた中華包丁。太「すげえ。見てこれ、ここ（と、刃に刻まれた名前を指す)」、ケ「自分の包丁なのに“健太郎先生”って」と名前入りの特別仕様に感激。もちろん、切れ味は最高。

調味料
味見をしながらセレクトした調味料たち。しょうゆ、オイスターソース、黒酢、赤酢、ごま油、チリソースを購入。

してない、それはかわいそうだから「僕らはお茶でも飲んでますから何か食べてください」って、皆でお店に行ったの。で、入った店が…ものすごくうまそうで！　気が付いたら色んなもの頼んじゃって「腹いっぱい」って言いながらガンガン食べちゃった。

ケ：会った途端に太一くん、「いやぁ、食った食った！」って。食べロケの合間に食べる人、初めて見た。

太：食べ過ぎで、超テンション低かったもんね、僕。

ケ：うまいものだって入ってかない人が、あんまりうまくないものを入れるスペースなんかあるわけない。で、そのテンションが取り繕われることなく画面に出てた。素材がそれしかないから出すしかないんだろうけど、俺、それが『男子ごはん』のいいところだと思ったんだよね。普通なら、何かナレーションをのせて、もうちょっとフォローするところを、無口な二人を映してて（笑）。そこが俺、すごくうれしかった。この番組、ウソがないなぁと思って。

太：高級な中華って、意外と日本で食べられるってことも分かった。高級な小籠包の店は、日本でも味わえる「うまい」だったけど、街の小さなお粥屋さんとかは日本にはない「うまいっ！」だった。あっちの方が衝撃的だったな。

ケ：あと、屋台も。どこも大体数百円で十分味わえて、日本では味わったことのない味だった。

太：オイスターソースもちょっと違うんですよね。香港で買ってきたの、日本で売ってるオイスターソースと味が違う。

ケ：そう。しょうゆとか黒酢とかもね。そういうことが分かったのも、結局、屋台だったりするね。

太：ケンタロウさんは次、どこに行きたいですか？

ケ：コスタリカ！　コスタリカ料理ってよく分かんないけど、分かんないから行ってみたいよね。

香港で学んだことをレシピに生かそう！　第１弾は、プリップ

AUTUMN

028

エビ餃子

空芯菜のオイスター炒め

2008.10.26 OA

たくさんの美味しい出会いに恵まれた香港の旅。その発見をレシピに生かそう！　ということで、皮から手作りするエビ餃子にトライ。番組中、ロケでお世話になったチャイ・ランさんから、二人の名前入り中華包丁がプレゼントされる…というサプライズもあり、早速、餃子の皮をのばしたり、材料を切ったりするのに大活躍！　そんな思い出の道具を駆使した餃子のお味は…「皮がモッチモチで、中のエビのプリップリと合いますね！」と太一。「皮の色んなところに厚さのムラがあるんですけど。それがいいんですよね？」と、手作りならではの食感に大満足。

空芯菜のオイスター炒めには、ケンタロウが香港で一目惚れしたオイスターソースを使用してみることに。最初は空芯菜だけを炒める予定でしたが、"中華包丁で野菜をザクザク切る行為"が気持ちいい！ということで、急きょ長ねぎを切って投入。予定外の食材でしたが、そこはケンタロウマジック。一層味わい深い一皿が誕生したのでした。

photo by TAICHI

リの食感がうれしいエビ餃子

エビ餃子

材料（４人分）

餃子の皮
　浮き粉：¾カップ
　片栗粉：大さじ３
　熱湯：½カップ

餃子の具
　むきエビ：150ｇ
　長ねぎ：½本
　黄ニラ：１束
　しょうが：１片分
a　卵白：１個分
　片栗粉：大さじ１
　塩：２〜３つまみ
　こしょう：適宜

作り方

1 皮を作る。ボウルに浮き粉、片栗粉を入れてザッと混ぜ、熱湯を加えて菜箸でグルグル混ぜる。なじんできたら手でよくこねる。表面がなめらかになってきたらラップをして１０分おく。

KENTARO'S POINT

浮き粉を混ぜる時は、熱湯を入れる！こうすることで粉がなじみ、混ぜやすくなります。

★菜箸の活用法
浮き粉を混ぜる時のポイントが、もう一つ。菜箸を何本も束ねたもので混ぜると、スムーズにできます。

2 むきエビは水気を拭いて５㎜幅に切る。長ねぎ、黄ニラはみじん切りにする。しょうがは千切りにする。

★しょうがの効果
具に千切りのしょうがを入れることで、味にメリハリが！

3 ボウルに２、ａを合わせてよく混ぜる。

4 １を直径２.５㎝くらいのボール状に丸める。クッキングシートで１個ずつ挟み、麺棒で丸くのばす。

★餃子の皮をのばす方法
本場・香港の厨房では、餃子の皮をのばすのに中華包丁の幅広い刃を使っていましたが、中華包丁がなくても簡単にできる方法が！クッキングシートに生地を挟み、上から麺棒でのばしていくと、均一に仕上がります。

5 ４の真ん中に３を載せ、包むように半分に折り、ひだを寄せながらピッチリ閉じる。

KENTARO'S POINT

あんを包む時は、最初に皮にひだとポケットを作ってからあんを入れる。
こうすることで、皮が破れず綺麗に仕上がる。

6 セイロにクッキングシートを敷き、数ヵ所、竹串で穴をあける。５を少し離して並べ、蒸気の上がった蒸し器で１０分蒸す。

空芯菜のオイスター炒め

材料（２人分）

空芯菜：１束
長ねぎ：½本
にんにく：１片分
ごま油：大さじ１
オイスターソース：大さじ½
酒：大さじ１〜２
塩：適宜

作り方

1 空芯菜は根元を落として長さ４等分に切る。長ねぎは斜め切りにする。にんにくは縦薄切りにして芽を取り除く。

2 フライパンを熱してごま油をひき、長ねぎ、にんにく、空芯菜を加えて酒、塩を振って強火で炒める。少ししんなりしたら酒とオイスターソースを加えて炒め合わせる。

鶏の旨味がたっぷり！　おなかにやさしい中華粥に、個性派ト

AUTUMN
029

中華粥

大根の中華漬け
2008.11.02 0A

二人が“香港で食べた物の中で、一番感動した！”という中華粥を、本場のエッセンスを取り入れつつ、家庭でも簡単に作れる“男子ごはん流”にアレンジしました。鶏がらをじっくり煮込んだスープは、味見の段階で「すごい美味しい！　これを取っておけば何か別の料理にも使えそうですね」と太一がうなるほどの絶品。これにごま油で炒めたごはんを加えて、トロットロに炊き上げます。
トッピングは、卵をピータン風にしたり、油条（細長い中国式の揚げパン）の代用品として油揚げを使ったり…とオリジナリティあふれるアイディアが随所に隠された品々。仕上がりは本格中華の味ですが、日常的な食材で作ることができるのがポイントです。トッピングを変えることで飽きずに食べられ、「香港で食べたお粥に、ケンタロウさんのアレンジが加わっている感じがすごくします！」と太一のお墨付き。ゆっくり楽しみたい、休日のブランチにぴったりです。

photo by TAICHI

ッピングを添えて

中華粥

材料（４人分）

米：¾カップ
水：２ℓ
a
- 鶏がら：１羽分
- 長ねぎ（青い部分）：１本分
- にんにく（半分に切る）：１片分
- しょうが（薄切り）：１片分

ごま油：大さじ½
鶏もも肉：２枚
b
- しょうが（薄い輪切り）：１片分
- 酒：少々
- 中国しょうゆ：小さじ１
- （中国しょうゆがない時は、普通のしょうゆで可）
- 塩：２つまみ

塩：適宜

作り方

1 スープを取る。鍋に水を入れて沸かし、aを加えてアクを取りながら弱火で２時間煮る。スープを１．５ℓ取り出す（足りなければ水を足して１．５ℓにする）。

2 米は普通に洗って水気をきる。

3 鍋を熱してごま油をひき、米を中火で炒める。米が透き通ってきたら１を加え、たまに混ぜながら１時間煮込む。

KENTARO'S POINT

煮込む前に、米をごま油で炒める。こうすることで、仕上がりに甘味と、やさしいコクが出ます。

4 鶏肉は１㎝幅に切ってボウルに入れ、ｂを加えてもみ込んでおく。

KENTARO'S POINT

ケ：「具の鶏肉は、下味をつけてもみ込んでおきます。最後にお粥が炊き上がったところで、サッと入れて煮て食べる。これは、香港の厨房で見て知りました」
こうすると、具としての鶏肉のジューシーさがアップ。味もしっかりついて、鶏肉だけ食べても美味な仕上がりに！

5 ３に４を加えて５〜１０分煮る。肉に火が通ったら味をみて足りなければ塩でととのえる。

★お粥と雑炊の違いって？
お粥は、普通のごはんよりも水分を多くして炊く、やわらかいごはん。
雑炊は、おじやとも呼ばれ、一度炊いたごはんを具とたっぷりのだしでサッと煮たもの。

茹で卵のピータン風

材料（４人分）
茹で卵：４個
オイスターソース：大さじ½
ごま油：少々

作り方
1.茹で卵は縦４等分に切ってから横半分に切る。全ての材料を和える。

★半熟？固茹で？
茹で卵は、５〜７分茹でると半熟に。
固茹でに仕上げたい時は、10分程茹でます。

ねぎしょうゆだれ

材料（４人分）
長ねぎ：１本
しょうが：½片
中国しょうゆ、黒酢、ごま油：各適宜

作り方
1.長ねぎは縦半分に切ってから斜め薄切りにし、しょうがは千切りにする。
2.１と、中国しょうゆ、黒酢、ごま油を混ぜる。

油揚げのトースター焼き

材料（４人分）
油揚げ：１枚

作り方
1.天板に油揚げを載せ、焼き目がつくまでトースターでこんがり焼く。
2.焼き上がったら食べやすい大きさに切る。

大根の中華漬け

材料（４人分）

大根：10㎝
塩：２つまみ
おろししょうが：少々
しょうゆ：大さじ１
ごま油：少々

作り方

1 大根は皮付きのまま１㎝厚さにイチョウ切りにしてボウルに入れ、塩を振って１５分おく。

2 １から出た水分を捨て、おろししょうが、しょうゆ、ごま油を加えて和え、さらに５分おく。

これぞ、秋のカレー！　根菜類の繊維質がたっぷり摂れる、ヘ

AUTUMN

030

鶏肉と根菜の豆乳カレー

豆腐とモッツァレラチーズのサラダ

2008.11.09 OA

秋から冬にかけて美味しくなる根菜類をじっくり煮込んだ、ケンタロウ流“渋い大人のカレー”。太一は、ケンタロウから食材が発表されると「豆乳とごぼうって、ないでしょう（笑）」、「ごぼうがカレーの味になるってことですよね？　想像もつかないです」と意外性たっぷりの組み合わせに驚きの連続でしたが、完成品をほお張ると「うまい！　ごぼうときのこの香りがドカーンと入ってきますね。そして、豆乳が味をまろやかにさせる…」と、想像を絶する美味に大感激。ケ「豆臭さというか、豆乳臭さみたいなの、ないでしょ？」、太「ないです！」と、仕上げに加えた豆乳がカレーに与える効果は、絶大なもの。付け合わせには、太一いわく「（カレーに）合わないわけがない！」豆腐とモッツァレラチーズのサラダを添えて、ヘルシーな食卓をお楽しみください。

photo by TAICHI

ルシーさも魅力

鶏肉と根菜の豆乳カレー

材料（４人分）

鶏もも肉：２枚
ごぼう：１本
じゃがいも（メークイン）：２個
しめじ：１パック
青ねぎ：⅓本
玉ねぎ：１個
にんにく、しょうが：各１片分
サラダ油：大さじ１
水：２½カップ
豆乳：１½カップ
カレールウ：５～６皿分（１箱）
しょうゆ、酢：各適宜
温かいごはん：４人分
福神漬け、らっきょうなど：各適宜

作り方

1 ごぼうは麺棒でたたいて５㎝長さくらいにちぎり、酢水に３分さらす。メークインは皮をむき一口大に切って水に３分さらす。しめじは石づきを落として小房に分ける。青ねぎは５㎝長さに切る。玉ねぎは縦薄切りにし、にんにく、しょうがはみじん切りにする。鶏肉は一口大に切る。

KENTARO'S POINT

ごぼうの下ごしらえは、単純に包丁で切るのではなく、麺棒でたたいて。
太：「なんでたたくんですか？」
ケ：「こうすることで食感がやわらかくなります。味の染みもよくなります！」

★このカレーと相性がいいじゃがいもは、メークイン！
男爵いもよりも煮くずれしにくく、仕上がりが粉っぽくなりません。

2 鍋を熱してサラダ油をひき、鶏肉を皮を下にして並べて強火で両面を焼く。
両面に焼き目がついたら、あいているところににんにく、しょうがを加えて炒める。
香りが出てきたら玉ねぎも加えて炒める。

3 玉ねぎが薄いきつね色になってきたら水気をきったごぼう、メークイン、しめじを加えて炒める。油が回ったら水を加えてアクを取りながら１５分煮る。

4 メークインに竹串がスーッと通ったらカレールウを加え、たまに混ぜながらとろみがつくまで５～８分煮る。ルウが溶けたら豆乳を加える。青ねぎを加えてひと煮し、味をみながらしょうゆでととのえる。

★ルウ次第で、カレーはもっと美味しく！
ルウは、何種類かを混ぜて使うと、より味に深みが出る。ちなみに"辛口好き"のケンタロウは、辛口のみを数種類ミックスしているとか。

★仕上げに、豆乳を加えるワケ。
太：「どんな効果があるんですか？」
ケ：「まろやかになって豆の風味が出ますし、粘度も出るんですよね。豆乳を入れたら、すぐドロッとした感じになります」

5 器にごはんを盛って４をかけ、好みで福神漬けやらっきょうを添える。

豆腐とモッツァレラチーズのサラダ

材料（４人分）

豆腐（木綿）：½丁
モッツァレラチーズ：１個
a
- おろしにんにく：ほんの少々
- オリーブ油：大さじ１～２
- 塩：小さじ½
- こしょう：適宜

作り方

1 豆腐はキッチンペーパーで包んでザルに載せ、上に皿などの重しを載せて１５分くらい水切りをする。

KENTARO'S POINT

豆腐をしっかり水切りするのは、モッツァレラチーズと同じぐらいの硬さにするため。
そうすることで、より食感を楽しめます！

2 ボウルにａを混ぜ、１とモッツァレラチーズをちぎりながら加えて和える。

★味付けは、シンプルに！
おろしにんにくは、スプーンの先に"ほんの少し"入れるだけでOK。
隠し味として、絶大な効果を発揮します！

小林家直伝！　お弁当メニューとしても人気の懐かしの味は、

AUTUMN

031

三色そぼろ丼

大根と油揚げのみそ汁

2008.11.16 OA

photo by TAICHI

ジューシーな鶏そぼろ、フワフワの卵、歯ごたえのあるインゲン…と食感の違いはもちろん、美しい色合いも魅力の三色丼。「ド定番なので、今この機会に覚えてもらえたら！」というケンタロウの言葉通り、毎日の食卓に彩りを添える常備菜として大活躍してくれるメニューです。

お弁当のおかずとしても人気ということで、完成後の試食は丼ではなく、あえてアルマイト製のお弁当箱に詰めてアウトドア気分を満喫。太「開けますか！」、ケ「開けますか！」、太「わ〜、この感じ。懐かしいなぁ！」、ケ「ほんと、オレも懐かしい！」、太「(運動会でこんなお弁当を作ってもらえたら）午後のリレー、頑張れそう！」と、ワクワク感をそそる演出効果を添えれば、食べる楽しさは倍増。

付け合わせのみそ汁の具は、昭和の香り漂う大根と油揚げ。煮干しのだしがしっかり出た滋味深い味わいですが、お弁当のお供として魔法瓶に詰めれば、三色そぼろとの相性もバッチリ。汁物を持ち歩く時は、具を別の容器に移し、スープのみを魔法瓶に入れると美味しく保温できます。

果実酒作りに挑戦！
ミカンやリンゴからアボカド、
そして、にんにくや漢方などの変わり種まで…。
果たしてどんな味になる？

３種の食材のバランスが絶妙！

三色そぼろ丼

材料（２人分）

鶏そぼろ
- 鶏ひき肉：200ｇ
- a
  - おろししょうが：½片分
  - 水：¼カップ
  - しょうゆ：大さじ１½
  - みりん、砂糖：各大さじ１

いり卵
- 卵：３個
- b
  - 砂糖、水：各大さじ１½
  - 塩：２つまみ
  - ごま油：少々

塩茹でインゲン
- インゲン：½袋
- 塩：少々

温かいごはん：２人分

作り方

1 鶏そぼろを作る。鍋にひき肉とａを入れ、菜箸を束にして持ち、よく混ぜてから弱めの中火にかける。混ぜながら肉の色が変わるまで煮て、汁気が少し残っている状態になったら火を止める。

KENTARO'S POINT

鶏そぼろを混ぜる時は、菜箸を２～３膳、束にしたものを使うとよい。
そうすることで、そぼろを均等に混ぜることができる！
（#028 エビ餃子で「浮き粉を均等に混ぜる」時に使った方法と一緒）

★鶏そぼろをジューシーに仕上げるコツ！

ケ：「そぼろって、ポロッポロなものじゃないですか。でも、完全に水気を飛ばしてしまってはいけないんです」

太：「（そぼろを火にかけ、混ぜながら）今、相当水が出ているんですよね？」

ケ：「ある程度、汁気を残した状態にしないとパサパサになってしまうし、それこそ弁当にした時に食べにくいんです」

というわけで、汁気を残した状態で火を止め冷めるまでおいておく。こうすることで鶏そぼろ全体に味が染み込み、さらに旨味がアップ！

2 いり卵を作る。別の鍋に卵を溶き、ｂを加えて混ぜてから弱火にかける。菜箸を束にして持ち、ガーッと混ぜながらいり卵を作る。

★いり卵は、フライパンではなく鍋で。直接鍋に卵を入れて作ると、混ぜやすい。

KENTARO'S POINT

卵を混ぜる時、水（大さじ１½）を加えるとふわっと仕上がる！

3 インゲンはへたと筋を取り除き、塩を加えた熱湯でサッと茹でる。粗熱が取れたら小口切りにする。

4 丼にごはんを盛って、１～３を美しく載せる。

大根と油揚げのみそ汁

材料（２人分）

- a
  - 水：２½カップ
  - 煮干し：大７～８尾
- 大根：３㎝
- えのき：½袋
- 油揚げ：½枚
- みそ：約大さじ２

作り方

1 鍋に水を入れて頭とワタを取った煮干しを入れて１５分おく。

2 大根は薄いイチョウ切りにし、えのきは石づきを落として長さを３等分に切る。油揚げは横３等分に切ってから５㎜幅の細切りにする。

3 １に大根を入れて火にかけ、沸いてきたらえのき、油揚げを加えて３分煮る。大根に竹串がスーッと通ったら味をみながらみそを溶き入れる。

ジューシーなカキを閉じ込めた、サックサクの衣。ソースで変

AUTUMN

032

カキフライ

ダーサラ（P.88）

2008.11.23 OA

太一も大人になってから大好物になったというカキフライ。「俺、全部食っちゃうかもしれない！　もう味の想像ができるからさ。サクッとしたあとに、ジュワッとするんだよ、こいつ」と、揚げる段階から太一のテンションも上がりまくり！揚げたてのアツアツを楽しみたいので、ソースは事前に作っておくのが鉄則。番組では、“カキフライに合いそうなソースを考えよう”ということで、定番のタルタルソースの他に、太一、ケンタロウ、それぞれのオリジナルソース作りにトライ。太「俺は、粒マスタードで何か考えたい」、ケ「俺はみそで…」と、さまざまな調味料の中からカキフライに合いそうな材料をチョイスして、世界に一つだけの味が誕生！　合計３種のソースを作ったことでカキフライそのものの味も微妙に変化がつき、食べる楽しさが倍増。「ソースって大事だな」と納得の太一でした。

photo by TAICHI

化をつければ、美味しさは無限大！

カキフライ

材料（4人分）

カキ（むき身・加熱用）：300ｇ
大根：適宜
薄力粉：½カップ
溶き卵：1個
パン粉、揚げ油：各適宜
レモン：適宜
レタス（太め千切り）：適宜
塩：少々

タルタルソース
- 玉ねぎ（みじん切り）：⅛個
- にんじん（みじん切り）：3㎝
- ピクルス（みじん切り）：1本
- 茹で卵（みじん切り）：1個
- マヨネーズ：大さじ3
- 米酢：大さじ1
- 塩、砂糖：各2つまみ
- こしょう：適宜

太一オリジナル・らっきょうソース
- らっきょう：6粒
- マヨネーズ、ケチャップ：各大さじ1
- 中濃ソース：大さじ½
- 粒マスタード：小さじ1
- こしょう：少々

ケンタロウオリジナル・大葉みそマヨソース
- 大葉：10枚
- みそ：大さじ2
- マヨネーズ：大さじ½
- 水、白すりごま：各大さじ1

作り方

1 大根に縦の細かい切り目を入れ、ほうきのようにする。

KENTARO'S POINT

ほうき状に切り目を入れた大根でカキを洗うと、カキの表面についた汚れ、臭みが簡単に落とせる！

★カキの下ごしらえをする時、大根おろしでカキを洗う方法がよく使われます。その理由は？
①大根に含まれる辛味成分で、カキを殺菌する作用もあるとか。
②カキのひだについた汚れを、おろした大根でかき出せるため。

2 ボウルにカキを入れて1で静かになでるように混ぜる。
黒い汚れが出てきたら数回水を替えながら洗う。水気をしっかり拭く。

3 再び2をボウルに入れて薄力粉を振り入れて全体にまぶす。

KENTARO'S POINT

普通の揚げ物は、具一つ一つに薄力粉をまぶしていきますが、カキに粉をつける時は、全体に薄力粉をまぶし混ぜる。こうすることで、身がやわらかく衣がつけにくいカキも、簡単に均一に衣づけができます。

4 3を溶き卵に加えて静かに混ぜ、ドロッとした状態にする。

KENTARO'S POINT

薄力粉の次にくぐらせる卵も、カキ全体に溶き卵をかけて、さっくりと混ぜるように！

5 4に1個ずつパン粉をまぶしてしっかりつける。

6 フライパンに揚げ油を深さ2㎝入れて中温に熱し、5を入れて中火で揚げる。
まわりが固まってきたら、たまに返しながら揚げる。
全体がきつね色になってきたら火を強めてカラッと仕上げる。

7 タルタルソースを作る。
玉ねぎは水に5分さらし、水気をしっかりきってその他の材料と混ぜ合わせる。

8 らっきょうソースはらっきょうを刻み、その他の材料と混ぜ合わせる。
大葉みそマヨソースは大葉をみじん切りにし、その他の材料と混ぜ合わせる。

9 器に盛ってレタス、レモンを添え、7や8をかけて食べる。

太一レシピ
TAICHI RECIPE

見た目のシンプルさ以上の、深い味ですね！

太一が丸一日かけて考案した、オリジナルサラダ。
美しい彩りが、食欲をそそる！

ダーサラ

材料（４人分）

水菜：１束
マッシュルーム：６個
ベーコン：３枚
にんにく：１片
レモン汁：½個分
オリーブ油：大さじ１
パルメザンチーズ、塩、こしょう：
各適宜

作り方

1 ベーコンは１㎝幅に切る。にんにくは横薄切りにして芽を取り除く。
2 水菜は食べやすくちぎり、マッシュルームは縦薄切りにしてボウルに入れる。
3 フライパンにベーコンを並べて弱めの中火で焼く。
カリッとしてきたら取り出す。
4 ３のフライパンにオリーブ油を足し、にんにくを入れて弱火で揚げ焼きする。
きつね色にカリッとしてきたら油をきって取り出す。
フライパンに残った油はとっておく。
5 ２にレモン汁、塩２つまみ、４の油を全て加えて和える。
味をみながら塩、こしょうでととのえる。
6 器に盛って３、４をちらす。
パルメザンチーズをピーラーで削りながらちらす。

シャキシャキした食感が
サラダにぴったりの水菜は、
手でざっくりとちぎって。

“ピーラーでチーズを削る”のは、
ケンタロウから習得した技。

COOKING!! TALKING!!

太「もう、すっっごい頑張りました！今日は！」
ケ「おっ！」
太「家の台所に立ちましたよ。そこで、どうしようって（腕組みしながら）考えたものなので…」
ケ「すごい！オレみたいじゃないですか（笑）！」
太「なんでこんなことしてんだろう？？…って思いましたもん！」
ケ「あはははは（笑）！」
太「じゃあ、いきましょう！今日はねぇ～、サラダですっ！！」
ケ「何サラダですか？題して！」
太「これはねぇ～、“ダーサラ”！！…っていう名前にしました！」
ケ「そのまんまじゃないですか（笑）！」
太「いや～、いい名前だなって思いましたけどね！」
ケ「'80年代ですか（笑）？」
太「ダーサラ！！今、水菜がいい時期にきてるって聞いたんで、ちょっと水菜を使おうかなぁと。これは、ほんとにねぇ、僕の一日の休日をなくして！一日かけて！」
ケ「すごい！今までだと、お母様直伝物とか、友達のお店の料理人の方に教えてもらったとか、あったじゃないですか？今回は、色んなヒントもありつつも…」
太「そうです！自分の頭の中で考えた…」
ケ「来たねー！！」
太「僕、どうやらマッシュルームが相当好きみたいです」
ケ「マッシュルームはサラダに合うし、美味しいですよね？」
太「美味しいですよね？ケンタロウさん、僕、このあとパルメザンチーズ使うんですけど、それもケンタロウさんに言われて、ピーラーで削るようになったんですよ！だから、ちゃんと学んでます、僕！」
ケ「すごいねぇ～！」
――完成間近、ケンタロウが味見
ケ「んん～！うまぁい！！すんごいうまい！！」
太「やったっ！！」
ケ「見た目のシンプルさ以上の、深い味ですね！マッシュルームの感じと、このベーコンのカリカリと…。もう、食感としても最高！！」
――最後の盛り付けで
太「ほら？オレ、ちょっと今日、気合い入れたでしょ？」
ケ「すごいね！お店みたいだねぇ！綺麗！！」
太「ダーサラ！！完成！！」
ケ「でも、ダーサラなんだね（笑）ダーサラ、完成（笑）！！！」
太「やったね！！」

男子ごはんトーク集 7
秋のオープニングトーク集 後編

#029
中華粥
2008.11.02 OA

平たく言うと…

太「今回は、どんな？」
ケ「今回は引き続き、香港の…。香港で、僕たちが感動した、お粥！」
太「お粥！これが、ケンタロウさん流になるワケですよね？」
ケ「はい。向こう（香港）で、厨房まで見せてもらって」
太「そうですよね？厨房まで見てますもんね？」
ケ「あぁ〜！みたいなことがあったワケですよ」
太「はぁ！」
ケ「平たく言うと、パクリです！」
太「平たく言わなくて、大丈夫ですから（笑）！」
ケ「あ…そうですか、そうですか（笑）」

#030
鶏肉と根菜の豆乳カレー
2008.11.09 OA

今日は、カレー第２弾！

太「今日は１回目に作った、カレーにまた戻るワケですよね？」
ケ「カレーに戻りますね。僕の中で、カレーは大事な存在なんで、まぁ、一発目にぶつけたら、なんか、守りに入ってる！とか言われた気がする（笑）！」
太「懐かしいっすねぇ（笑）！いや…正直、だって、ケンタロウさんでカレーって、もうホントに自信ないのかなって思ったんですよ」
ケ「（笑）」
太「料理に自信のない人がやってんのかなって思うぐらいだったんですよ」
ケ「（笑）！まぁ、何か無難だもんね！」

#031
三色そぼろ丼
2008.11.16 OA

いつまで短パン？

太「ケンタロウさん！もう、11月も中旬です！」
ケ「そうですね！」
太「どうしましょう？短パンは！」
ケ「まぁ、ほんと寒いなぁ〜と思ったら、もう長いのでもいいんじゃないですかねぇ？」
太「でも、この番組は短パンでいく！…っていうふうに、僕はもうスタイリストさんに言ってしまい、今、長いズボンを切ってるんですよ！これ」
ケ「（笑）！」
太「実際は、ほら！もうこんな…（折ってある裾を伸ばす太一）」
ケ「ほんとだ！もう、切りっ放しじゃないですか！」
太「切りっ放しなんですよ（笑）なので、できればもう今年の冬は、短パンで…」
ケ「分かりました！」
太「番組の色としては、続けていきたいなって思うんですよね」
ケ「じゃあ、まぁ基本としては、短パンで…」
太「いきましょうよ！」
ケ「ちょっと風邪をひいた時とかだけは、長ズボンでいいよ…と」
太「分かりやすいですよね（笑）？」
ケ「うん（笑）」
太「あぁ、風邪ひいてんだな…っていうのがね（笑）そうしましょう（笑）！」

#032
カキフライ
2008.11.23 OA

短パン魂！

太「さりげな〜く、今日、（長）ズボンはいてるじゃないですか！」
ケ「はい」
太「逆に、恥ずかしいわ（笑）！」
ケ「（爆笑）！！」
太「（モニターに映る短パン姿の自分を見ながら）この下半身だけっていう映像（笑）！
短パン魂なくなったんですか！ケンタロウさんの中で！！」
ケ「（家から）来た時も、短パンだった？」
太「来た時はもう、長いやつをはいて来ましたよ」
ケ「あはははは（笑）！」
太「ふくらはぎあたりがね、秋も深まってきたなぁ〜っていうふうに思ってるんですよ」
ケ「思ってるよね（笑）？」

#033
マカロニグラタン
2008.11.30 OA

“休み好き”のケンタロウ

太「11月も終わりですよ！」
ケ「そうですねぇ！」
太「となると、ケンタロウさんの中には、冬休み！…という考えが出てくるんじゃないですか？」
ケ「（苦笑）」
太「休み好きのケンタロウさんは（笑）！」
ケ「何？オレ、休み好きっていうことになってんだ（笑）」
太「夏は、正直言いますけども、１ヵ月、アナタ、休み取りましたよねぇ？」
ケ「はい、はい…」
太「骨折したのに！！」
ケ「（苦笑）」
太「休むって分かったら、計画を立てる派ですか？」
ケ「冬は、ワリと立てますね。スキー行ったりするんで…」
太「スキーで骨折なんてしたら〜（笑）、もうダメですからねぇ〜（笑）！！」
ケ「大丈夫！スキー靴は、ほら！足首すごい守られてるから！」
太「だから逆に危ないんじゃないですか！骨折はしやすいじゃないですか！
…手！あっ、手っっ！！」
ケ「（笑）」
太「手なんていったらもう〜！！」
ケ「大丈夫、大丈夫！気を付けます（笑）！」

寒い季節に、ぬくもりたっぷりの味がうれしい！　心までホッ

AUTUMN

033

マカロニグラタン

柿のヨーグルトサラダ

2008.11.30 0A

photo by TAICHI

“グラタン”というネーミングは、“かき削る”という意味のフランス語「gratter」が由来。その昔、失敗したオーブン料理のおこげを食べてみたところ意外に美味しく、そこから誕生した…といわれているとか。ケンタロウ流のグラタンもその由来通り、表面の香ばしいこげ目と、中身のクリーミーなソース、そしてもっちりとしたマカロニのマッチングがたまらない一品。オーブンでじっくり焼き上がっていく様子を見守るのも、料理の楽しみの一つです。

そんな愛情たっぷりのグラタンを食べた瞬間、太一は「お母さーん！」と絶叫（笑）。「もう、懐かしすぎる。僕、思い出したんですけど、マカロニのやわらかさが懐かしい味なんですよね。うめぇ～！」と、郷愁漂う味にただただ感激。これさえ覚えておけば、色んなグラタンに応用できるというポイント満載なので、鶏肉の代わりに魚介類や野菜など、さまざまな具に挑戦してみても。

とする、クリーミーなグラタン

マカロニグラタン

材料（４人分）

鶏もも肉：１枚
カニ缶：小１缶
玉ねぎ：½個
マカロニ：150ｇ
パセリ（みじん切り）：大さじ２～３
サラダ油：大さじ½
バター：大さじ２
薄力粉：大さじ２½
牛乳：２½カップ
生クリーム：¼～½カップ
塩、こしょう：各適宜
ピザ用チーズ：½カップ強
パン粉：¼カップ

作り方

1 玉ねぎは縦薄切りにする。
2 鶏肉は余分な脂身を取り除いて小さめの一口大に切る。
3 フライパンを熱してサラダ油とバターを入れ、鶏肉の皮を下にして並べ、強めの中火で両面をこんがりと焼く。
4 玉ねぎを加えて炒める。
5 玉ねぎがしんなりしたら、薄力粉を加えて２分くらいよく炒める。
6 粉っぽさがなくなったら火を止め、牛乳½カップを加えて溶きのばすように混ぜる。なめらかになったら残りの牛乳を少しずつ加えて混ぜる。

KENTARO'S POINT

一般的なホワイトソースの作り方は、バターと小麦粉を加熱して混ぜ、牛乳を加えてなめらかにのばしていく…というもの。でも、この作り方は技術が必要で、ダマになりやすい。
そこで、絶対に失敗しないケンタロウ流のコツとは？
①炒めた食材に小麦粉を加えて炒める。
②牛乳を少しずつ（３回くらい）分けて加える。
これらを守れば、クリーミーなホワイトソースが簡単に完成！

7 カニを缶汁ごと６に加えて混ぜ、強火で、ひと煮する。

★缶詰選びのポイント
ケ：「(カニ缶は）本当に安いのでいいです。もちろん、『オレはタラバしか食わねえ』とかいう人は、タラバの缶詰でもいいんですよ（笑）」
太：「でも、それは基本だしを取るためですよね？」
ケ：「そうです、風味をつけるため」
太：「カニ缶以外では、他にどんなのが合いますかね？」
ケ：「ホタテでもいいですし。魚介と合うんですよね」

8 混ぜながら加熱し、フツフツしてきたら弱めの中火にして、さらに混ぜながら７～８分煮詰める。
9 とろみがついてきたら、塩小さじ½、生クリームを加えて混ぜる。
10 マカロニは袋の表示通り茹で、水気をきってから加えて混ぜる。
11 パセリを加えて混ぜ、味をみながら塩、こしょうでととのえる。
12 耐熱容器をサッと濡らし、１１を入れ、ピザ用チーズ、パン粉をかける。

★ピザ用チーズは、あえて皿のヘリにかかるように載せる。チーズがこげつくぐらいが、食欲をそそる！
★パン粉をかけると、表面がサクッとした食感になって美味しさ倍増。ぜひかけてみて！

13 ２５０℃のオーブンで８～１０分、様子をみながら焼く。
チーズが溶けて焼き色がついたらできあがり。

KENTARO'S POINT

ケ：「焼き色は、“こげ目”っていうぐらいつけたい。焼き目より一段上にいって」
太：「こげ目！」
ケ：「厳密な定義はないんですけど、こがしちゃダメなんですよ。でも、香ばしさを出したいんです」
太：「なるほどね！」

柿のヨーグルトサラダ

材料（４人分）

柿：１個
プレーンヨーグルト：¼カップ
レモン汁：大さじ１
はちみつ：大さじ１～２

作り方

1 柿は皮をむいて一口大に切る。
2 全ての材料を和える。

★男子ごはんトーク集⑧
秋のおもしろトーク集

#022
旬の秋定食
2008.09.14 OA

長瀬くんと天ぷら

――天津甘栗をむきながら
ケ「いつまで“テンツ”甘栗だと思ってたの？」
太「オレは今でも読みますね～、たぶん」
ケ「へへへへへ（笑）」
太「オレ、最近（TOKIOの）ツアー中に長瀬とそばを食いに行ったんですよ」
ケ「はいはい」
太「あいつ、てんぷら（天麩羅）っていう漢字が読めなかったんですよ」
ケ「はははははは（笑）！」
太「『なんすか？この怖そうな名前！』みたいな（笑）！」
ケ「暴走族みたいだもんね（笑）“羅”がもう、暴走族みたいだもんね（笑）」
太「（舌を巻きながら）てんぷぅるぁっ！…みたいな（笑）！」
ケ「（笑）！」

しょうゆしょうゆ！

――インゲンの白和え作りで、しょうゆを加え
太「薄口しょうゆにするというのは、なぜですか？」
ケ「あんまり、しょうゆしょうゆした感じにしたくないんです。味を」
太「しょうゆしょうゆ…（笑）」
ケ「何ていうのかな（笑）？淡い感じにしたい」
太「研究家の言葉じゃないね（笑）“あんまり、しょうゆしょうゆしたくない！”（笑）」
ケ「なんで？分かりやすかったでしょ（笑）？」
太「分かりやすいのは、分かりやすいですけど～」
ケ「しょうゆしょうゆしたくないんですよ（笑）！だけど、うっすらほんのりしょうゆの風味がして…」
太「うっすらしょうゆ風…（笑）“しょうゆ”ばっかり（笑）！」

#023
手羽元のにんにく炒め煮
2008.09.21 OA

「全く、覚えてませ～んっ！」

――にんにくの下ごしらえに入るところで
ケ「これ、つぶすんですけど…」
太「はい」
ケ「これ、前もやったと思うんですけど…」
太「はい」
ケ「…覚えてる？」
太「え～っっと～、それはぁ～、覚えてなきゃいけないんですかっ？」
ケ「まぁ、当然覚えてなきゃいけないよねぇ～」
太「（ふてくされた態度で）全く、覚えてませ～んっっ！！」
ケ「へへへへへへ（笑）！なんで、ちょっとふてくされてんの（笑）？」
太「どうすんでしたっけ（笑）？」
ケ「ヘラで、にんにくをつぶすんですよ。ヘラでつぶすのが一番力もかかりやすいし…」
太「（急に強気になって）あ！そういうことですか！？それは覚えてますよぉ～！！」
ケ「じゃゃゃああ！なんでつぶすんですか？」
太「全く、覚えてませぇ～んっっっ！！！」
ケ「（笑）！」

本日のサイドメニューは、“アリオ・オリオ”

ケ「今日は、ブロッコリーと野菜の、アリオ・オリオオリオ…」
太「（笑）！！絶対“オリオ”が多かったよね（笑）？今ね（笑）！！」
ケ「（トークコーナーで手作りビールを飲んだあとだったので）酔っぱらってきちゃった…」
太「（うれしそうに）アーリオ・オリーオオリオ（笑）！」

#024
秋鮭ときのこのクリームパスタ
2008.09.28 OA

料理裁判～ケンタロウの失敗

――秋鮭ときのこを炒め、さらに白ワインと生クリームと牛乳を加えたところで、突然…
ケ「え～、にんにくを入れ忘れました！」
太「（笑）！本当は、どのタイミングで入れようと思ってたんですか？」
ケ「本当は、白ワインを入れる前に」
太「あの～、料理裁判ですけども…」
ケ「（笑）！」
――後ろで腕を組みキッチンの中を歩きながら、裁判官口調でケンタロウに尋問する太一
太「白ワインを入れる前にぃ～！」
ケ「はい」
太「本当はぁ～！」
ケ「本当はぁ（笑）！」
太「にんにくを入れなきゃいけなかったんですね！？」
ケ「はいはいはいはい（笑）すいません、すいません…（笑）」
太「どおして忘れたぁ！？」
ケ「（歯切れ悪く）なんかこう…、白ワインを入れたくなってしまいました…」
太「なるほど～。…無罪！！」
ケ「やった（笑）！やった（笑）！！」

#025
豚豚定食
2008.10.05 OA

太一のフリータイム

――豚汁を煮ている間、暇を持て余した太一
太「（カメラマンを見て）ずぅ～っとオール漕いでるんですよね、こうやって。カメラさんがねぇ、ずぅ～っとこう、オールをねぇ…（カメラマンが機材を操る動作をまねする太一）」
ケ「（笑）」
太「大きなオールを漕いでんの（まねし続ける太一）」
ケ「漕いでるねぇ（笑）」
太「この繰り返しですよねぇ（まねし続ける太一）」
ケ「これ、すっごく平行に画が動いていってるってことですよね？」
太「そうっすね（笑）ほ～んとに、フリーな時間になっちゃいましたね～（笑）」

ケ「よくないよ（笑）！」
太「（笑）！」

コソつき太一

――豚カツを揚げるタイミングで

ケ「油の温度ですが、よく、低温・中温・高温っていうんですけども、まぁ、カツとかって、中温で揚げるんですけど。オレの印象としては、160度台から中温に差し掛かってるっていう…（菜箸やパン粉を使って、中温の状態の説明をするケンタロウ）」
太「中温を維持するのって、難しいですよね？」
ケ「そうですね。泡の出方を見ながら…。よしっ！（と、豚カツを手に取り、揚げようとすると）」
太「（遮って）…あ！ちょっと待ってください！！」
ケ「なんすか（笑）？」
太「僕ね、信じないワケじゃないんですけども…。（スタッフから、油の温度を計る温度計を受け取る太一）」
ケ「ははははは（笑）！信じてないじゃん（笑）！！」
太「時々ケンタロウさん、嘘つくじゃないですか？なので、ちょっと（油の温度がちゃんと中温の160度かどうか）計らせてもらいます！」
ケ「まずいねぇ～、これほんとねぇ～（笑）」
太「（笑）！」
ケ「そういうの、数値化されると困るんだよねぇ～（笑）ケンタロウつぶしだよねぇ～（笑）」
太「ギリギリまで（温度計のことを）黙ってたって、怖いでしょ？」
ケ「…それかぁ！さっき（収録前にスタッフと）コソコソってやってたの！」
太「（笑）！！」
ケ「ほんとに、コソついてたもんね（笑）？『コレ、ポケットに入んない？』とか言ってたでしょ？」
太「あはははは（笑）！！コレです、コレのことです（笑）！！」
ケ「（笑）！怖いよねぇ～、ほんとに…」
太「あれ？160度ですよ！ちゃんと！159…」
ケ「まぁ、約160度！」
太「すごいじゃん！ケンタロウさん！！」
ケ「ありがとうございます…。今、まぁ、ちょっと火も一番弱くしてるんで。火をつけてると、もうどんどん（油の温度が）上がっていっちゃうんで」
太「はいはい」
ケ「なんかこうやって、途中で友達に、『いや、ちょっと待って！温度計らして！』とか言われたら、火を弱めること！」
太「（笑）！！」

チョー熱いです！

――揚げたての豚カツを包丁で切り

ケ「ここねぇ、ちょっと、いいですか？」
太「肉汁を…。どうぞ！」
ケ「ほら？（両手で豚カツの一片を持ち、切り口から出る肉汁をカメラに見せるケンタロウ）」
太「うわうわうわうわ！すごいっっ！！」
ケ「え～～、チョーー熱いです！！」
太「（笑）！」
ケ「（カメラマンに）撮りましたか？」
太「撮りました、撮りました。大丈夫です！」
ケ「もうやんないよ（笑）！」
太「（笑）！」
ケ「ほんとに、料理家生命の危機を感じるぐらい…」
太「（笑）！」
ケ「見ましたね？これくらい（肉汁が）ジワジワです！」

#028

エビ餃子

2008.10.26 OA

菜箸大人使い

――浮き粉を混ぜる際、菜箸をたくさん一気に使って混ぜるケンタロウに

太「すごい数の箸、使ってるじゃないですか！」
ケ「はいはいはいはい…」
太「怒られますよ、これ！親に！！」
ケ「なんで（笑）？」
太「こんなに使ったら、怒られますって！アンタ、ふざけるのもいい加減にしなさい！…って、言われますよ！何か理由があるんですか？箸をこれだけいっぱい使うっていうのは…」
ケ「混ぜやすいです！」
太「へぇ～、ちゃんと（理由が）あるんですね！」
ケ「理由なくやってるワケじゃないんだからね（笑）！」
太「また、フザけてるのかなぁ～と思って（笑）」

チャイ・ラン包丁

――餃子の皮をのばす工程に入るところで、二人にあるサプライズが！

ケ「で、まぁ、あの（平べったい）包丁もなかなかないですし…」
太「（スタッフの方を指差す太一）」
ケ「…なんですか？（物に気付いて）えぇ～っ！！」
太「…マジっすか！？うわっ！すげぇ～っ！！」

――実は、香港で点心の作り方を教えてもらった時にこんな一幕が…
：香港ロケにてwithチャイ・ランさん

太「（中華包丁を手に取り、独り言のように）これ、ほしいなぁ…」
2人「あはははははは（笑）！！（太一の陰謀に思わず笑い出す二人）」
チ「これを、僕のやつ作ろう！」
太「（予想外の返答に）あ…作ろう？…僕らのは作ってくんないんですか？」
ケ「（笑）！」
チ「あぁ、いいですよ！」
太「ほんとですか！？」
ケ「あんまり、そんな口約束、通じないですよ！」
チ「うん、そうそう。通じます、通じます」
2人「（手をたたいて大爆笑）！！」
ケ「通じるのか（笑）！」

――チャイ・ランさんがプレゼントしてくれた中華包丁を手にする二人

2人「せーの！」
太「ジャーン！…え？うわっ！はっ！すげぇ～！」
ケ「すごい！！」
太「見て！これ！！（包丁の峰に“太一先生”と刻印されてあるのを見つけ）うわっ、見て！ココ！！」
ケ「これ、自分の包丁なのに、“健太郎先生”って…書いてあるってことですよね（苦笑）？」
太「ねぇ（笑）？おもしろい（笑）！」

――早速、もらった包丁を使って、皮をのばしてみたものの、最初はなかなかうまくいかない二人

太「でも、もっと（香港では）薄かったですよね？」
ケ「（皮がすぐ切れてしまうケンタロウ）」
太「あ～あ…（笑）」
ケ「え～っと…」
太「（スタッフに）これ、ちょっと、チャイ・ランさんに返してもらっていいかなぁ？」
ケ「（笑）！」

#029

中華粥

2008.11.02 OA

続・チャイ・ラン包丁

ケ「前回、僕ら包丁を…」
太「出しちゃいます？もう！チャイ・ラン包丁！」
ケ「出しちゃうんじゃないかな～」
太「よっしゃぁ！先生包丁！」
ケ「先生包丁！（ほしいって）言ってみるもんですね？」
太「言ってみるもんですよ、ほんとに！」
ケ「なんでも、言ってみるもんですよ！」
太「言っていきましょうよ！」
ケ「ね？そんなワケで、これ（チャイ・ラン包丁）でいきなり鶏がらをブツ切りとかにしたいんですけど、え～、必要ありません！」
太「そこをなんとかぁ～！」
ケ「（笑）！」

#030

鶏肉と根菜の豆乳カレー

2008.11.09 OA

豆乳×ごぼう

――食材説明にて

太「ちょっと、あの～、カレーらしからぬ物が僕の中では、豆乳とごぼうっていうのが、もう気になってしょうがないですけど…。こんな組み合わせないでしょ～？だって！」
ケ「ま～だ、作ってもないのにぃ～！」
太「あははははは（笑）！！」

――ごぼうを麺棒でたたいて砕くことで、味の染み込みがよくなると聞き

太「味が染み込むっつうのも、カレーの味になるってことですよね？」
ケ「そうですよ！」
太「（一瞬笑い）…ごぼうが！」
ケ「ちょっと否定的だもんね。今日ね、出足が（笑）」
太「いやいやいや…（笑）どんなになるか、想像つかないっす…」
ケ「大丈夫、大丈夫。大丈夫だから！」

――完成間近、具の煮え具合を確認

太「腹へったぁ～！」
ケ「今は、うまいよ、もう！」
太「ほんとっすか？あ…もう、根菜のにおいが広がりますね！（汁を飲んで）う～まぁ～いっ！！」
ケ「うまいですよね？これ、うまいよね？ごぼうの風味もきのこの風味もするじゃないですか？」
太「はいはい。あ…なんか、（ごぼうも）カレーと合うような気がしてきた！」
ケ「あ…！やっと？やっと？？」
太「はい」
ケ「もう、（番組の）終盤も終盤だよ！」
太「…認めるしかないっ！」
ケ「（笑）！」

太一イチ押し！豆乳の美味しい飲み方

太「豆乳が苦手な人、いるじゃないですか？」
ケ「はい」
太「僕もあんまり好きじゃなかったんですけど、豆乳を半分、グレープジュースを半分…」

男子ごはんトーク集❽
秋のおもしろトーク集

ケ「ぶどうジュースってことですか？」
太「ぶどうジュース。…を入れて飲むと、めっちゃめちゃうまいですよ！」
ケ「へぇ～、意外！」
太「すっごい美味しいです、これ。僕、自分のブログか何かに書いたんですけど、“グレープフルーツジュース”って書いちゃったんですよ…」
ケ「全然、違うじゃん（笑）！」
太「そんな美味しくないです…みたいな」
ケ「あはははははは（笑）！！」

#031
三色そぼろ丼
2008.11.16 OA

三色のメッセージ

太「これ、三色っていう名前を付けてるワケじゃないですか？なんかやっぱ、メッセージ的なものっていうのはあるんですかね？」
ケ「（止）！」
太「その～、メッセージとかあるワケじゃないですか！」
ケ「一色ごとに？」
太「そうです、そうです！」
ケ「（ぼそぼそと）その～、なんですか？太陽の…なんだとか……」
太「うん、うん。声、小っちゃい！声が小っちゃくなってる！！」
ケ「なんかこう…、…………、まぁ………、………、それぞれの解釈にもう委ねたいよね？」
太「（笑）！」
ケ「なんていうか、正解って一つじゃないと思うんで…」
太「（笑）！」

インゲンを切る音

――茹でたインゲンを小口切りにする際、包丁を入れた時に出る音に…
太「いい音！」
ケ「ね？ドゥクドゥクドゥク…っていうね！」
太「ダカダカダカッ…。ダカダカダカッダカッ、ガチャガタッ！」
ケ「（笑）！！」
太「なんだろう（笑）？なんで、これだけがおもしろいんだろう（笑）？」
ケ「（笑）！！」
太「おもしろくないのかなぁ～、これ、見てる人は！」
ケ「おもしろくないのかなぁ？」
太「○※∞△□☆Φ………（笑）！！」
2人「（笑）！！」
ケ「おもしろいよねぇ（笑）？」
太「おもしろいんですけどねぇ（笑）」

#032
カキフライ
2008.11.23 OA

Rが入っている月

――カキを揚げながら
太「うわぁ～、この時期だ！この時期だよ、カキは！」
ケ「ね？カキは、Rが付く月が食べられるっていわれるんですけど…」
太「なるほど～！冬だけじゃないってことですか？じゃあ！」
ケ「だから、え～っと…」
太「REMEMBER！！」
ケ「（？）」
太「（満足げな顔）」
ケ「思い出？？何を思い出す（笑）？」
太「いや…、Rが入ってたんでぇ（笑）！」
ケ「Rの入ってる“月”ね（笑）！」
太「あ…、月ね…」
ケ「月、月（笑）！だから、まぁ、9月から4月まで！でもやっぱり、寒い時期がね、うまいですよね？」
太「うまいですね！うわ！全部食っちゃうかもしんない、オレ！もう、味の想像ができるからさぁ！サクッてしたあとに、ジュワッてすんだよ～、こいつ～！」
ケ「するする！するねぇ～（笑）！」

#033
マカロニグラタン
2008.11.30 OA

料理は失敗から その①

――グラタン情報【失敗したオーブン料理のおこげを食べてみたら、意外にも美味しく、そこからグラタンが生まれたといわれている】を受けて
太「なるほど～！」
ケ「オーブンでこがして、食べるようになったってことですね！」
太「失敗するもんですねぇ～！」
ケ「そういうことが多いよね？料理の発祥には」
太「失敗するもんだなぁ～」
ケ「そうですよ。さぁ、失敗していきましょう！」
太「ねぇ（笑）？今日もねっ！」
ケ「今日も！」
太「今日も、失敗していきましょう！」
ケ「はい！」
太「（笑）！」

料理は失敗から その②

――ホワイトソース作りで、ダマにならない方法として、炒めた食材に直接小麦粉を加え、炒めるケンタロウ流のやり方に
太「これ、じゃあ、見てる人が見てたら、『え？何やってんの？ケンタロウさん！』…って感じなんですか？」
ケ「そうかもしれないですねぇ。『またアイツ、何も知らねぇんだ…』みたいな」
太「でも…、失敗からねっ？（グラタンは、失敗のおこげから始まったを受けて）」
ケ「あはははは（笑）！！失敗みたいじゃん（笑）！今、そのタイミングで言ったら（笑）！」

ビィィィーフシチュウゥゥ～！！とホワイトシチュウ！

太「すごい！男の人が、クリーム系作ってるっていうのも、すごい話ですよね。何かね」
ケ「ほんと（笑）？」
太「かわいい！」
ケ「女性っぽいかなぁ～？」
太「かわいいです！」
ケ「どう、受け止めればいいかなぁ（笑）？」
太「いや、何か、男だったら、（険しい顔を作り太い声で）ビィィィーフシチュウゥゥ～！！みたいな」
ケ「言い方の話じゃない（笑）？じゃあ、ホワイトシチューは（笑）？」
太「（鼻にかけたかわいい声で）ホワイトシチュウ！」
ケ「あはははははは（笑）！！」
太「今、まさにケンタロウさんは、“ホワイトシチュウ！”をやろうとしてんですよ」
ケ「（笑）！先週のカキフライは（笑）？」
太「えぇっ（笑）？カキフライ難しいっすよね（笑）？」
ケ「カキフライは？カキフライ！（あおるケンタロウ）」
太「カキフライで、ボケようがないっすもんね。（と言いつつも、カキフライの表情を作ってみようと大きく息を吸う太一）」
ケ「まぁ、ちなみに…（そんな太一に気付かず、料理を進行しようとするケンタロウ）」
太「！（顔を作る途中の、中途半端なところで止められた太一）」
ケ「（それに気付き）あはははははは（笑）！！」
太「今（笑）！今、やるところまで（笑）！ん？？…っていうところまで行ったのにぃ～！！」
ケ「いやいや、またそこは来週で（笑）！」

ウソ発見器が鳴りました

ケ「TOKIOの中で、芝居といえば、誰ですか？」
太「やっぱ、長瀬くんじゃないですか？
…と言いつつもね、あの～、オレ、主演男優賞もらってるんですよ。（映画『しゃべれどもしゃべれども』で第62回毎日映画コンクール男優主演賞を受賞）」
ケ「あぁ！そうですよね！」
太「そうですよ、毎日映画コンクール。これはね、もうね、歴史が長いんですよ。それの、主演男優賞ですよ。男優主演賞っていうんですけど」
――ここで、あらかじめセットしておいたオーブンの予熱が完了し…
オ「ピーピーピー♪」
太「…はいっ（笑）！」
ケ「あはははは（笑）！予熱完了（笑）！」
太「嘘がバレました（笑）！」
ケ「あはははは（笑）！！」
太「ウソ発見器が鳴りました（笑）！」
ケ「（笑）！」
太「違うだろ…と。太一、違うだろ…と。いや…、ほんとなのになぁ…（笑）」
ケ「ほんとなのにね（笑）！」

★

WINTER

男子ごはんの冬。

難しいことは一切抜き！ 白いごはんが恋しくなる、寒ブリを

WINTER

034

ブリブリ定食

ブリ照り／ブリのあら煮

2008.12.07 OA

冬に向かって脂がのり、美味しさが増すブリ。このブリを“照り焼き”と“あら煮”という、定番ながら趣きの異なる二品に仕上げました。

一見、難しそうなあら煮のレシピは、実はとてもシンプル。じっくり煮込むことでブリの旨味が凝縮され、「口に入れて、舌で押しただけで溶けていく感じ。うまい！」（太一）というトロットロの食感がたまらない！　最後にしょうがの絞り汁を加えているので、さっぱりとした味わいです。

一方の照り焼きは、「魚屋さんに無理をいって、分厚く切ってもらいました」（ケンタロウ）という特厚のブリの切り身に、太一もご満悦。ねぎと一緒にこんがりと焼き、あとから調味料を煮からめていくという方法で作れば、こげつく心配もなし。その焼き上がりに、「照り焼きの感じは大好きです。甘すぎず、上品な味です。（ブリの）脂と照り焼きの相性は最高ですね」と太一も太鼓判！

photo by TAICHI

使ったこってりおかず

ブリ照り

材料（２人分）

ブリ：２切れ
長ねぎ：１本
サラダ油：大さじ½〜1
a［水、みりん：各大さじ３
　しょうゆ：大さじ１½
　砂糖：大さじ½

作り方

1 長ねぎは７㎝長さの斜め切りにする。ブリは水気を拭く。

2 ａを混ぜ合わせる。
★照り焼きのたれに水を加えておくと、焼いている間にたれが煮詰まりこげつくのを防いでくれる！

3 フライパンを熱してサラダ油をひき、ブリを並べて蓋をして強めの中火で焼く。
焼き目がついたら返し、空いているところにねぎを加えて焼く。
両面こんがりと焼く（途中長ねぎが焼き上がったらいったん取り出す）。
★ブリが焼き上がったら、フライパンに出た余分な油をキッチンペーパーで吸い取って。
こうすることでブリの臭みがなくなり、さらにブリにタレがからみやすくなる！

4 ３に２を加えてからめる（長ねぎを出していたら戻してからａを加える）。

KENTARO'S POINT

調味料は、ブリに焼き目をつけてからからめる！
ケ：「だいたい照り焼きって、魚とか肉を調味料に漬け込んで焼くことがそもそもなんです」
太：「ヅケっていうことですか？」
ケ：「そうです。網で火と食材の高さを調節しながら焼くにはいいんですけど、鉄板で直に焼くと、どうしてもこげやすいんです。糖分が入っていますので。なので、今回はあとから調味料をからめるというスタイルでやります」

5 器にブリを盛ってねぎを載せ、フライパンに残ったたれをかける。

ブリのあら煮

材料（４人分）

ブリのあら：約500ｇ
酒：少々
a［水：１カップ
　砂糖、しょうゆ、酒：各大さじ１
　みりん：大さじ½〜1
しょうがの絞り汁：１片分

作り方

1 ブリのあらは水気を拭き、酒少々を加えた熱湯で下茹でをする。

KENTARO'S POINT

調理前にブリのあらを下茹でし、ブリ特有の臭みを取る。下茹では、表面の色が程よく変わる程度が目安。茹で上がったらザルに移して水気をきれば、下茹で完了。

2 鍋にａを煮立て１を加える。少しずらして蓋をして強めの中火で１０分煮る。
たまに何度か返す。

3 蓋を取って強火で汁気を少し飛ばしてから、器に盛ってしょうがの絞り汁をかける。
★ブリの旨味をより引きたたせるため、しょうがの絞り汁を全体的に回しかけて！

子供と一緒に楽しめる！　やわらかい豚肉とカニの旨味がたっ

WINTER

035

カニ豚チゲ

2008.12.14 OA

カニの殻から出る濃厚なだしに、ホロホロとやわらかい豚肉とシャキシャキのキムチがからみ合う、寒い季節に食べたい絶品鍋。美味しさの秘密は、“焼いたカニの殻を加える”という一手間にあり！　その威力は絶大で、まだカニの身を入れていない味見の段階から、太一が「うわ、カニ風味すごい！　美味しい！」と絶賛した程。当然、さまざまな食材の旨味が凝縮された完成品の味は、太「もちろんカニの身もそうですし、あとは食感。あとから入れたキムチのシャキシャキしているところと、最初から入れているキムチの…」、ケ「トロッとしているところ！」と、普段食べなれたチゲとは別格。
“子供用”としてキムチの辛さをおさえて仕上げた別鍋は、「カニのおみそ汁を飲んでいる感じ」（太一）という、やさしい味わい。シメには、市販の即席乾麺をそのまま土鍋へ。「麺の中まで味が染みるんですよ」（ケンタロウ）と、少しトロッとしたスープに麺がからみ合い、最後まで大満足できます。

photo by TAICHI

ぷり詰まった、絶品チゲ

★カニ豚チゲ

材料（４人分）

カニ（冷凍　殻付き）：
　１パック（約400～450ｇ）
豚バラ薄切り肉：200ｇ
厚揚げ：１枚
ごぼう：20㎝
セリ：１束
ニラ：１束
長ねぎ：１本
にんにく：３片
しょうが：１片
ごま油：大さじ２
キムチ：400ｇ
みそ：大さじ２～３
ラー油、ごま油、白いりごま：各適宜

作り方

1 カニは解凍して殻から身を外す（殻は取っておく）。
2 オーブンは２５０℃に温める。
天板にカニの殻を並べ、オーブンに入れて１０～１５分こんがりと焼く。

KENTARO'S POINT

焼いたカニの殻でだしを取る。
ただ、焼きすぎると殻が細かく砕けてしまうので要注意！

3 豚肉は一口大に切る。厚揚げは食べやすい大きさに切る。ごぼうはピーラーでささがきにして酢水（分量外）に３分さらす。セリは根元を落として５㎝長さに切る。
ニラは５㎝長さに切る。長ねぎは斜め切りにする。にんにく、しょうがはみじん切りにする。
4 土鍋を熱してごま油をひき、にんにく、しょうがを弱火で炒める。香りが出てきたら長ねぎ、半量の豚肉を加えて強火で炒める。
★土鍋は、底をよく乾かしてから使用するのが鉄則！そうしないと、割れてしまうことも。
5 全体に油が回ったら水を鍋８分目まで加え、２、半量のキムチ、ごぼうも加える。
沸いてきたら火を弱めてアクを取りながら４０分煮る。

KENTARO'S POINT

キムチは、２回に分けて加える。そうすることで、煮込む時に加える味出し用のキムチと、仕上げ前に加える食感を楽しむキムチ、両方の美味しさを味わえる！
ケ：「肉も、そうします」
太：「どういうことですか？」
ケ：「肉は、あとから入れた方がやわらかく仕上がります。なので、味出し用の肉を半分、最初に加えます」
豚肉も２回に分けて加えることで、さらに深みのある味わいに！

※ここで子供用の分を別鍋に取り出す。→★

6 厚揚げを加えてひと煮し、カニの身を加え、味をみながらみそを溶き入れる。残りの豚肉を加えて煮て、色が変わったらセリ、ニラ、残りのキムチを加えてひと煮する。
7 白いりごまを振って好みでラー油やごま油を回しかける。

★子供用チゲの仕上げ
6 別鍋に取り分けたら、残りの豚肉、厚揚げ、カニの身を加えてひと煮し、味をみながらみそを溶き入れる。セリ、ニラを加えてひと煮し、白いりごまを振る。

鍋のシメ

材料・作り方
1 鍋に即席中華麺１～２玉を加えてほぐしながら煮る。麺がほぐれたら味をみて足りなければしょうゆ適宜でととのえる。
2 あれば小口切りにした青ねぎ適宜を振る。

KENTARO'S POINT

シメの麺は、直接鍋で煮ること。すべての旨味が麺に染み込み、旨さ倍増！

ホームパーティーにぴったり！　ハーブの香りあふれる肉汁が

WINTER

036

ローストチキン

カニピラフ

2008.12.21 OA

photo by TAICHI

鶏を丸ごと焼き上げた、皮はパリパリ、中はジューシーなローストチキン。こんなメインディッシュを手作りできたら、最高のクリスマスを過ごせそう！と思いませんか？　実際に鶏肉を１羽調理するとなると躊躇《ちゅうちょ》してしまいがちですが、「鶏肉をマリネ液に漬け込む」→「オーブンで焼き上げる」という手順で、誰でも失敗なく作れるというから驚き。チキンに添えるソースは、濃厚なクリーム系と、しょうがの風味がキリリときいた和風の２種を用意して。完成品は、太一を「うめー!!　ちゃんと鶏肉をマリネしてるから、ほんと色んな香りが染み込んでて!!」と絶叫させた程の味です。

付け合わせは、オーブンでチキンを焼いている間に手軽に作れる、ケンタロウいわく“インチキカニピラフ”。「ピラフってそもそもは炊き込むものなのですが、これは炊き込みも炒めもしない。要するに、何もしない（笑）」という“温かいごはんに具を混ぜるだけ”のシンプルな調理法ながら、味は本格派。とにかく簡単に作れるので、急な来客時や子供と一緒に作る料理にオススメです。

たまらない、クリスマスの主役料理

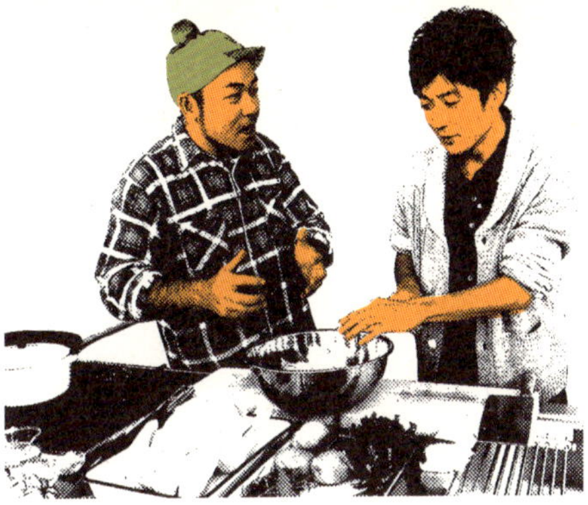

ローストチキン

材料（４人分）

鶏肉：１羽
じゃがいも：５個
余り野菜の千切り（玉ねぎ、セロリ、にんじん等）：１½〜２カップ
にんにく（薄切り）：1片分
好みのハーブ
（オレガノ、ローズマリー、タイム等）：４〜６枚
ローリエ：２枚
a
- 白ワイン、オリーブ油：各大さじ３
- 酢：大さじ１
- 塩：小さじ１
- 粒こしょう：適宜

オリーブ油：大さじ２〜３
塩、こしょう：各適宜
クレソン：適宜

きのこクリームソース
しめじ：１パック、 にんにく：２片
オリーブ油：大さじ１
a
- 生クリーム：１カップ
- 牛乳：½カップ
- 粒マスタード：小さじ１

塩、こしょう：適宜

しょうゆソース
水：½カップ
おろししょうが：１片分
しょうゆ：大さじ２
バター：大さじ１½
みりん：大さじ½

作り方

1 ボウルに余り野菜の千切り、にんにく、ハーブ、ローリエ、ａを合わせて混ぜ、鶏肉を加えてからめ、ラップをして冷蔵庫で１時間以上（できれば一晩）ねかせる。途中、上下を返す。

KENTARO'S POINT

ａを合わせて作ったマリネ液を鶏肉の外側によくもみ込み、さらによく漬け込む！
漬け込む時間は、１時間〜一晩。長く漬け込んだだけ美味しさがUPするので、
余裕がある時はじっくり時間をかけて漬け込むことをオススメ。

2 じゃがいもは芽を取り除き、皮付きのまま４等分に切って水に５分さらす。

3 鶏肉の中に野菜とハーブ類を詰めて天板に載せ、まわりに水気をきった２を並べる。鶏肉に塩小さじ½をすり込んでオリーブ油を塗る。じゃがいもにはオリーブ油をかけて塩適宜を振る。

KENTARO'S POINT

鶏肉を天板に載せる時は、“仰向け”にして調理する。
これで見た目にも美味しそうに焼き上がります。

4 オーブンに入れて２５０℃にセットして１０分焼き、２００℃に下げて４０分くらいこんがりと焼く。途中ひっくり返して裏も焼き、最後にもう一度返して、上になる面をカリッと仕上げる。竹串を刺して血や濁った汁が出てこなければ焼き上がり。

5 器に盛ってこしょうを振り、クレソンを添える。切り分け、好みのソースをかけながら食べる。

きのこクリームソース

1. しめじは石づきを落として小房に分け、長さを半分に切る。にんにくはみじん切りにする。
2. フライパンを熱してオリーブ油をひき、にんにくを弱火で炒める。香りが出てきたらしめじを加えて強火で炒める。しめじに少し焼き目がついたらａを加える。
3. ２分くらい中火で煮詰め、味をみながら塩、こしょうでととのえる。

しょうゆソース

1. 小鍋に全ての材料を合わせて火にかけ、ひと煮立ちしたら火を止める。

カニピラフ

材料（４人分）

カニ缶：大１缶（100ｇ）
パセリ（みじん切り）：大さじ３
バター：大さじ２
おろしにんにく：少々
塩：２つまみ
こしょう：適宜
温かいごはん：茶碗４杯強

作り方

1 ボウルにごはんを入れ、その他の材料（カニ缶の缶汁ごと）を加え、濡らしたしゃもじでサックリと混ぜる。

新春SP
お正月、おせちにあきた頃になぜか食べたくなる！具がゴロゴロの、コク旨ビーフカレー

WINTER

037

ビーフカレー

国分家・小林家・岡村家のお正月定番料理

2009.01.04 OA

“新春１時間スペシャル”として、初ゲストにナインティナイン・岡村隆史さんが登場！　大のカレー好きという岡村さんのために、大ぶりに切った肉や野菜がたくさん入った男っぽいカレーを作ることに。もともと『男子ごはん』のファンで番組をよくチェックしていたという岡村さん。もちろん太一、ケンタロウとのトークも大盛り上がりで、笑いっぱなしのまま絶品カレーが完成！

太「コクが違うわ」、岡「カレーの常識を覆すかのような。デミグラスソースがきいてるんですよね」、ケ「ちょっとコクのある感じとか最高ですよね」、太「家で作る味じゃないんですよ。お肉いきました？ビックリするぐらい、やわらかいんですよ」、岡「うん、やわらかい。うまい！」と、完成品は“男子三人”が思わず本気で箸を進める美味しさ。レシピには、カレーを美味しくするポイントが満載なので、ぜひ習得して!!

番組では、三人の“思い出の味”である、
各家庭のお正月定番料理も紹介されました。
いずれも、おせち料理と一緒にあるとうれしい、
祝いの席にぴったりのメニューです！

photo by TAICHI

ビーフカレー

材料（４人分）

牛かたまり肉（すね、バラ）：600～800ｇ
玉ねぎ：２個
じゃがいも（メークイン）：３個
にんじん：２本
マッシュルーム：１パック
カレールウ：10皿分
デミグラスソース（市販品）：100ｇ
バター：大さじ１
インスタントコーヒー：少々
サラダ油：適宜
温かいごはん：適宜
福神漬け、らっきょう：各適宜

作り方

1 牛肉は４～５㎝角に切る。玉ねぎは縦薄切りにする。じゃがいもは皮をむいて大きめの一口大に切り、水に５分さらす。にんじんは乱切りにする。マッシュルームは石づきを落とす。
2 フライパンを熱してサラダ油大さじ½をひき、牛肉を強火で焼きつける。
全体に焼き目がついたら鍋に移し、水を２ℓくらい加えて火にかける。沸いてきたら火を弱めてアクを取りながら２時間茹でる。

KENTARO'S POINT

肉は、とにかくじっくり煮込んで！煮込めば煮込む程、必ずやわらかくなります。

3 フライパンを熱してバターを足し、玉ねぎを強火で炒める（油が足りなかったらサラダ油を適宜足す）。しんなりしたら火を弱めてきつね色になるまでじっくり炒める。
4 ２を牛肉と茹で汁に分け、茹で汁をカレールウの箱の表示量分、量って鍋に戻す（足りなければ水を適宜足す）。
5 鍋に牛肉、３、じゃがいも、にんじん、マッシュルームを加えて火にかけ、沸いてきたら火を弱めてアクを取りながら１５分煮る。
6 じゃがいもに竹串がスーッと通ったら火を止めてカレールウを加え、たまに混ぜながら１０分煮る。とろみがついたらデミグラスソースを加えて混ぜる。
いったん火を止めて冷ます。

KENTARO'S POINT

缶詰のデミグラスソースで美味しさ倍増！
完成したカレーをいったん冷ますことで、もう一段、美味しさがUP！

7 再び鍋を火にかけて温め、インスタントコーヒーを加えて混ぜる。

KENTARO'S POINT

最後の最後に、ほんの少しインスタントコーヒーをプラスして。
ビーフカレーの旨味要素のひとつ、"苦味"がほんのりと感じられ、さらに深い味わいに進化！

8 器にごはんを盛って７をかけ、福神漬け、らっきょうを添える。

国分家のお正月定番料理

ひたし豆と数の子の和え物

材料（作りやすい分量）

ひたし豆：500ｇ
数の子（塩抜き）：６本
塩：大さじ１、しょうゆ：大さじ１½
旨味調味料：少々

作り方

1 ひたし豆は洗ってたっぷりの水に一晩浸す。
2 １の水気をきって鍋に入れ、たっぷりの水を加えて火にかける。沸いてきたら塩を加えて２０～３０分茹でる。アクを取りながら少し硬めに茹で上げる。
3 ザルにあげて水気をきり、温かいうちにしょうゆ、旨味調味料を加えて混ぜて冷ます。
4 冷めたら一口大に切った数の子と和える。

小林家のお正月定番料理

酢鶏

材料（作りやすい分量）

手羽先：10本
a［水：２カップ
　みりん：大さじ１½～２
　しょうゆ：大さじ１½～２
　酢：大さじ１～２、砂糖：大さじ１
　オイスターソース：大さじ½
薄力粉：大さじ３、揚げ油：適宜

作り方

1 手羽先は薄力粉をまぶす。
2 フライパンに揚げ油を深さ１㎝入れて中温に熱し、１をフライパンにぎっしり入れて揚げ焼きにする。たまに返しながら焼き、全体がきつね色になったら取り出す。
3 フライパンにａを煮立て、２を加えて蓋をして強めの中火で５～７分煮る。

岡村家のお正月定番料理

厚焼き玉子

材料（作りやすい分量）

卵：４個
a［水：卵の殻２杯分
　砂糖、しょうゆ：各適宜
サラダ油、しょうゆ：適宜

作り方

1 卵は溶きほぐしてａを加えてよく混ぜる。
2 卵焼き器を熱してサラダ油少々をひき、１の¼量を流し入れて広げる。まわりが乾き始めたら端から巻いていく。
3 ２を脇に寄せ、空いているところに１の¼量を流し入れ、２の下にもいきわたるように端から巻いていく。これをあと２回繰り返す。
4 食べやすい大きさに切って器に盛る。好みでしょうゆをつけながら食べる。

「うまーい！　パリモチ」（太一）な麺の食感がたまらない。ト

WINTER

039

五目あんかけかた焼きそば

プースー（P.106）

2009.01.18 OA

日本の冬の風物詩でもあるドライフルーツ、
干し柿作りに挑戦！
皮をむいた渋柿の実をひもでくくり、
熱湯で消毒したあと、屋外で乾燥させます。

具だくさんで食べごたえのある“五目あん”をたっぷりかけた、ごちそう焼きそば。「家で作ると本当にうまいんですよ。特に麺が！」とケンタロウが力説していた通り、麺に一工夫加えて焼き上げるのがポイント。軽く炒めた中華蒸し麺を両面に焼き色がつくまでこんがり焼き固めると、表面がパリパリ、サクサクに仕上がります。しかも、内側はモチモチのまま！　そんな独特の食感の麺があんとからめば、思わず至福の味。五目あんは、「オイスターソースやしょうゆの味が前に出てくるかと思いきや、全然そんなことはないんですね。むしろ野菜の旨味が出ていて、すごくやさしいです」と、太一が感激した滋味深い味わいが魅力。

太一オリジナルレシピ、桜エビとザーサイのスープ（名付けて「プースー」!）との相性もばっちりなので、ぜひセットでお楽しみください。

photo by TAICHI

ロットロのあんと一緒に召し上がれ！

五目あんかけかた焼きそば

材料（２人分）

焼きそば用蒸し麺：２玉
豚肩ロース薄切り肉：120ｇ
きくらげ：大さじ１
たけのこ：小½個
にんじん：３㎝
小松菜：⅓束
にんにく、しょうが：各１片
うずらの卵（水煮）：６個
ホタテ缶：小１缶
a［水：２カップ
　片栗粉：大さじ２
　オイスターソース：大さじ１½
　酒、しょうゆ：各大さじ１
サラダ油：大さじ３
ごま油：大さじ１
塩、こしょう：各少々
オイスターソース、しょうゆ、
酢、辛子：各適宜

作り方

1 フライパンを熱してサラダ油大さじ１½をひき、焼きそば、水¼カップを加えてほぐしながら強火で軽く炒める。丸く形作り、そのままいじらずに弱めの中火でじっくり焼き固める。こんがり焼き目がついたら返し、フライ返しで軽く押して平らにする。
フライパンの縁から残りのサラダ油を回し入れて、裏もじっくりと焼き固める。

2 きくらげは水に浸してやわらかく戻す。たけのこは縦３㎜厚さに切り、にんじんは３㎜厚さの半月切りにする。小松菜は５㎝長さに切り、にんにく、しょうがはみじん切りにする。うずらは水気をきる。豚肉は一口大に切る。

3 ａをよく混ぜ合わせる。

KENTARO'S POINT

合わせ調味料の中に片栗粉を加える！
ケ：「普通は片栗粉だけ別に水で溶いて最後にとろみをつけるんですが、調味料に一緒に混ぜてしまいます」
太：「そうすると、どうなるんですか？」
ケ：「水溶き片栗粉でとろみをつける作業には、それなりに“慣れ”が必要なんです。一部分だけ固まってダマになりやすいんですね。しかも一度できたダマって絶対に消えないんです。食べた時に、サラッとしたところにゴロッとしたダマができて…」
太：「はいはい、ありますね！」
ケ：「最後の最後で失敗したら、そこまでどんなにうまくいっていても失敗なわけですよ。でも、これ（調味料）に溶いておけば絶対にダマにならない！」

4 フライパンを熱してごま油をひき、にんにく、しょうがを弱火で炒める。
香りが出たら豚肉を加え、にんじん、たけのこ、小松菜、うずらの卵の順に加えて炒める。

うずらの卵、何個入れる？
太：「うずら、大事ですね！」
ケ：「超大事ですよ。なかなかレシピでは出せないんですけど、自分用に作る時は２缶とか３缶とか入れます」
太：「え！うずらをですか!!」
ケ：「うずらの卵、超好きなんですよ。それにこれは、たくさん入れても味が変わったりしませんので」

5 全体に油が回ったら、ａをもう一度よく混ぜて加え中火で煮る。とろみがついたらホタテ缶、きくらげを加える。味をみながらオイスターソース、しょうゆ、塩、こしょうでととのえる。

KENTARO'S POINT

ａの合わせ調味料は、時間が経つと片栗粉が下に沈殿するので、あんに加える前にもう一度よく混ぜる！

6 １の焼き上がった麺を食べやすく割りながら器に盛り、熱々の５をかけ、辛子を添える。好みで酢をかけて食べる。

太一レシピ
TAICHI RECIPE

「料理って楽しいですねっ！」と太一、遂に開眼！？

桜エビとザーサイの旨味がたっぷり！
シンプルでやさしいけれど、奥深い味わい

プースー

材料（４人分）

カブ：３個
ザーサイ：30ｇ
豆腐（絹）：½丁
にんにく：２片
桜エビ：８ｇ
ごま油：大さじ½
水：３カップ
鶏がらスープの素（顆粒）：大さじ１
塩、こしょう：各適宜

作り方

1. ザーサイは洗って粗みじん切りにし、水に浸して塩抜きをする。カブは葉を切り分け、皮をむいて８等分に切る。葉は４㎝の長さに切る。豆腐は４等分に切る。にんにくはみじん切りにする。
2. 鍋を熱してごま油をひき、にんにくを弱火で炒める。香りが出てきたらカブの葉を加えて中火で炒め、油が回ったらザーサイ、桜エビ、カブを加えて炒める。
3. 全体に油が回ったら水、鶏がらスープを加える。沸いてきたら火を弱めてアクを取る。味をみて足りなければ塩でととのえ、豆腐を加えてひと煮する。
4. 器に盛ってこしょうを振る。

カブを切る作業は、ケンタロウが担当。
ケ「なんで材料切る前に、炒め始めちゃったの～（笑）？」

やさしい味に、「いいんじゃないですかね？美味しいもん！」とケンタロウも太鼓判！

COOKING!! TALKING!!

太「さぁ！今日の付け合わせは、スープを！」
ケ「スープ！いいっすねぇ～！」
太「今日は、僕が作ります！」
ケ「太一くんのスープ！もうホントねぇ、これ楽しみなんだよね、いっつも！カブと、ザーサイ…桜エビ！」
太「もう、これがいいですね～！この桜エビとザーサイの相性がもう、最高です！」
ケ「そうなんだぁ…」
太「このスープの名前！これは…“プースー”！」
ケ「（笑）！」
太「これはもう、プースーという名前です！」
ケ「タイっちゃんさぁ、タイっちゃん（笑）！」
太「はい！あのぉ～、ラーピー（ピーラー）ある？ラーピー！あぁ、ありがとうございます（笑）」
ケ「タイっちゃんさぁ、タイっちゃん（笑）！」
太「はい（笑）！」
ケ「あのね、じゃあもう第２弾とかないの？“プースー“は、１回しか言えないじゃん（笑）！」
太「いやいや、“プースー２（ツゥー）”！」
ケ「（笑）！」
太「そしたら、炒めましょう！ごま油で！どのぐらい（ごま油を）入れましょうか？逆にっ！」
ケ「（笑）！逆にねっ（笑）！逆にどのぐらい入れようかねぇ（笑）」
太「逆にどのぐらい入れます？」
ケ「さっと、まぁ一回し！」
太「一回し！…同じです！」
ケ「（笑）！そのあと、何します？」
太「逆に何しましょう？」
ケ「あはははは（笑）！」
太「そのあと、カブの葉っぱだけを炒めたいなと」
ケ「はいはいはい」
太「（カブの葉とにんにくを炒め始める）」
ケ「え？あと、カブ（の実）は切らないの？」
太「あっ、カブ切りたいんですよ！」
ケ「切りたいんだぁ…（笑）」
太「ちょっとこれ（炒めるの）やっちゃったんで！」
ケ「（笑）！なんで材料切る前に、炒め始めちゃったの～（笑）？」
太「ザーサイ、もう水きりたいんすけど…」
ケ「分かった、分かった！じゃあ、やりますよ。はぁ～っ…（笑いながらも大きく溜息をつくケンタロウ）」
太「いやぁ、料理って楽しいですねっ！」
ケ「楽しいねっ！」
――完成間近
ケ「あぁ、いいにおいだぁ！ホントいいにおい！うまそぉ！」
太「エビのにおいですかね？」
ケ「エビの力でしょうね！」
太「色合いもいいですよね？カブを入れたことによってね、僕ね、白が際立っていいな～と思ったんですよね！」
ケ「いいいい、最高！」
――味見
太「あぁ、もうちょい、コクがほしいなぁ～」
ケ「あぁあぁ。でも、ザーサイから出て来ると思うんですけどね」
太「こんな感じでいいですかね？」
ケ「いいんじゃないですかね？美味しいもん！」
太「でしょ？」
ケ「うん、美味しい！」
太「あっ、そうだ！これ、アク取らなきゃいけないんだ！」
ケ「うぅっ！（レンゲでアクの入ったスープを飲んでいる最中で吹き出しそうになるケンタロウ）」
――試食
ケ「うまいねぇ！！」
太「うまぁいっ！！」
ケ「やっぱ（味の濃さを）このぐらいにしておいてよかったと思う」
太「そうですね！」
ケ「こう、バランスとしては」
太「バランスですね！」
ケ「カブっていうのは、よかったと思う！」
太「ほんとですか？」
ケ「うん。こういうのが、献立としても最高だと思うんですよ！こうちょっと、やさしいの（スープ）を食べて、これ（あんかけかた焼きそば）が食べたくなって、これ食べてるとちょっとスープが飲みたくなるっていう関係が！」

男子ごはんトーク集❾
冬のオープニングトーク集

#035
カニ豚チゲ
2008.12.14 OA

ややこしいわ…。

太「もう、12月も中旬ですよ～！」

ケ「そうですよね？早いですよね。もう（2008年も）終わりですよ」

太「終わりですよ。もう、僕は何年もプライベートの年越しってのは、やってないですねぇ」

ケ「コンサート的な？」

太「はい。なんか、年が明けた感じがしないんですよねぇ。前、（大晦日のジャニーズカウントダウンライブで）“１分前まで10秒前”っていうのがあったんですよ」

ケ「（笑）！」

太「“１分前まで10秒前”っていうカウントが来てそれに対して皆で、10！９！８！…って言ったことがあって（笑）」

ケ「（笑）！」

太「７！６！５！…、ハッピーニューイヤー！！って言ったら、まだ（０時ちょうどまで）40秒ぐらいあるんですよ（笑）」

ケ「（爆笑）！！」

太「１分前までの10秒前でした…みたいな。ややこしいわ（笑）！」

ケ「ややこしい（笑）」

#037
ビーフカレー
2009.01.04 OA

初ゲストはナインティナイン岡村隆史さん！

岡「（笑顔で扉を開け）あぁ！どうも～っ！うわぁ～！ココやんかぁ～！」

2人「あはははははは（笑）！！」

ケ「素晴らしい（拍手）！！」

太「うわぁ～っ！！」

岡「どうも～っ！（スタジオを見渡して）あぁっ、見たことあるぅ～！」

太「しかも、ちゃんと短パンで来てるじゃないですか～！」

岡「そうやね～んっ！短パンにこだわりを持ってらっしゃるお二人って聞いたもんですから！いやぁ～、来ちゃった！うれしいねぇ～っ！」

太「この番組の初ゲストになるワケですよ、岡村さんが！」

岡「そうみたいやねぇ～！これ、なんかうまいことハマったら、レギュラーみたいなことも…」

2人「あはははは（笑）！」

太「いやいやいや…（笑）それはもう、ケンタロウさんと二人でずうっとやってるワケですから、途中から（レギュラーというの）はね…」

岡「まぁ、そうなんですけど。こうやってねぇ、なんて言うの？オーディションみたいな感じで…」

2人「あははははは（笑）！！」

岡「いやいや、ホンマに。僕、でも思てたんですよ。最後いつも二人で食べてるでしょ？あそこやっぱり、三人ぐらいおった方が…ねぇ？」

ケ「もし、もう一人いるとしたら、女子ですよね！」

岡「“男子”ごはんじゃないですか！」

2人「あははははは（爆笑）！！」

岡「男子ごはんに、なんで女子いるんですか！それ、ダメでしょ？」

太「すごいっすよ！ほんと（この番組）見てますから！」

岡「見てんねん！ほんと」

ケ「うれしいっすね～！」

――三人で番組タイトルコール

太「いきますか！」

岡「いきますか！」

ケ「やりますか！」

岡「やりますか！」

太「アレ！三人で（笑）！大丈夫っすか（笑）？」

岡「（そわそわしながら）多分、大丈夫！」

太「もう、拳握ってる（笑）！」

ケ「拳（笑）！あはははは（笑）！」

太「三人で、初めてですね！いきましょう！せーのっ！！」

3人「男子・ごはん！！」

太「ふはははははは（笑）！！」

岡「（ガッツポーズで）やったーーっ！！」

ケ「（笑）！！」

太「すげぇ、新鮮だぁっ（笑）！！」

#039
五目あんかけかた焼きそば
2009.01.18 OA

二人がハタチの頃

太「ちょうど先週ね、成人式がありましたけども、ケンタロウさんが20歳の頃って、料理を仕事にしようっていう考えはあったんですか？」

ケ「全くなかったです！デザインかイラストっていう大枠の美術系の中で、すごく迷ってました」

太「なるほどね～」

ケ「もうもちろん（太一くんは）働いてましたよね？」

太「20歳でデビューなので、ほんとにガラッと変わりましたね～。まぁ、尖ってましたね～！」

ケ「へぇ～！」

太「相当なる…その、ジャニーズのジャックナイフ的な時代ですよ！」

ケ「あはははははは（笑）！マジっすか（笑）？」

太「髪も伸ばして、『（巻き舌で）俺はもう、ロックしかしねぇんすよ！』みたいな。『バラエティなんて、もう勘弁してくださいよ！』みたいな感じで、『♪マ～ジカルッバナナッ！』ってやってたんですよ、オレ（笑）あはははは（笑）！」

ケ「あはははははは（爆笑）！！」

太「思いっきり、バラエティじゃねぇか！みたいな（笑）あはははは（笑）！！」

ケ「あはははははは（爆笑）！！」

太「髪の毛長くして、（手拍子を打ちながら）『♪バナナと言ったら、すぅべぇるぅ～！』とか（笑）どっちなんだよ！みたいな（笑）」

ケ「あはははははは（爆笑）！！」

まるで夢のような組み合わせ！　濃厚なハヤシライスに、ふん

WINTER

040

オムハヤシライス

蒸し野菜

2009.01.25 OA

日本を代表する洋食メニューの一つ、ハヤシライス。カレーなどと比べると家庭で作る機会は少ないかもしれませんが、牛肉や玉ねぎの旨味がたっぷり詰まったコク深い味は、一度食べたら病みつきになるもの。今回作ったのは、定番のハヤシライスにフワフワのオムレツを載せた、大人も子供も大好きな味です。

美味しさのポイントは、それだけでも十分に完成度の高いハヤシソースをいったん冷まして、短時間で味を凝縮させること。太一は、「もっと尖っている味だと思っていたんですよ。でも、すごくまろやかで…やっぱり一度冷ますために外に出した効果が出ていますね」と、ケンタロウの技に驚き。

付け合わせには、ハヤシライスのどっしりとした味を引き立てるあっさり系の蒸し野菜を。シンプルな調理法ですが、蒸すことで野菜の美味しさはもちろん、栄養素も閉じ込められるのでヘルシーな食卓作りに最適です。

photo by TAICHI

わりやさしいオムレツを載せて

オムハヤシライス

材料（４人分）

牛肩ロース薄切り肉：250ｇ
玉ねぎ：１個
サラダ油：大さじ½
バター：大さじ２
赤ワイン：¼カップ
a
- デミグラスソース：１缶（290ｇ）
- 水：１カップ
- トマトジュース：１缶（190ｇ）
- ウスターソース、ケチャップ：各大さじ１
- しょうゆ：小さじ１
- インスタントコーヒー（あれば）：少々

オムレツ
- 卵：６個
- 牛乳：大さじ１～２
- 砂糖：小さじ１
- 塩：２つまみ
- サラダ油：適宜

塩、こしょう、生クリーム：各適宜
温かいごはん：４人分
ピクルス：適宜

作り方

1 玉ねぎは横薄切りにし、牛肉は一口大に切る。

2 フライパンを熱してサラダ油とバターを入れ、玉ねぎを強火で炒める。
しんなりしたら火を弱めて、きつね色になるまでしっかり炒める。

KENTARO'S POINT

玉ねぎは、少しこげ目がつくまで炒めること。それが、まろやかなコクになる！

3 牛肉を加えて強火で炒め、肉の色が変わったら赤ワインを加えてザッと炒め、aを加えてたまに混ぜながら弱火で２０分くらい煮る。味をみて塩、こしょうでととのえる。

★隠し味としてしょうゆを加えるのは、味を引き締める効果があり、なおかつ牛肉との相性がよいため。

★粒子の粗い塩を使う時は、完全に溶けてから味見をすること。
そうしないと、本当の味が分からず、濃いめの味に仕上がってしまうことも！

★ハヤシソースが完成したら、いったん冷ます（#037のビーフカレーと同様）。
こうすることで、味がなじんでコクが出る！

4 オムレツを作る。ボウルに卵を溶き、塩、砂糖、牛乳を加えてよく混ぜる。
フライパンを熱してサラダ油をひき、¼量の卵液を流し入れる。
菜箸で大きくグルグル回してから少し焼き固め、パタンパタンと折ってオムレツを作る。
残り３個分も同様に作る。

★オムレツを焼く時は、コンロの火からフライパンを離して卵を返していく。
こうすると、綺麗に仕上がる！

5 器にごはんを盛って３のソースをかけて４のオムレツを載せ、さらに３をかける。生クリームをかけてピクルスを添える。

蒸し野菜

材料（４人分）

じゃがいも：２個
にんじん：１本
カブ：小２個
ブロッコリー：½個
ロマネスコ：½個

みそマヨソース
- おろしにんにく：少々
- マヨネーズ：大さじ２
- みそ、牛乳：各大さじ１
- オリーブ油：小さじ１
- こしょう：適宜

作り方

1 じゃがいもは芽を取り除いて皮付きのまま４～６等分に切って水に３分さらす。
にんじんは長さを半分に切ってから太い方は縦４等分に切り、細い方は縦半分に切る。
カブは皮付きのまま縦４～６等分に切り、葉は長さを半分に切る。
ブロッコリー、ロマネスコは小房に分け、茎は皮をそぐようにむいて食べやすく切る。

★野菜を切る時は、大きさが均一になるようにそろえて切ること。こうすることで、蒸している段階で均等に火が通る！

2 蒸気の上がった蒸し器にじゃがいも、にんじんを入れて蓋をして１０分強火で蒸す。
続いてカブ、ブロッコリー、ロマネスコを加えてさらに２～３分蒸す。
さらにカブの茎を加えて３０秒蒸して、全部を皿に盛る。

3 みそマヨソースを混ぜ合わせて２に添える。

★みそマヨソースの隠し味は、牛乳！
太：「普通はこのソースに牛乳を入れようとは思わないですよね？」
ケ：「このままでももちろんいいんですけど、もう少しゆるいソースにしたいので。
マヨネーズを牛乳でのばすと、クリーミーさを損なわずに仕上がるんです」

白いごはんが進む！　サクサクの衣に包まれた、ジューシーな

WINTER

041

とり唐揚げ３種

コールスロー

2009.02.01 OA

photo by TAICHI

夕食からお弁当のおかず、お酒のおつまみとしても定番人気の唐揚げですが、家庭で手作りした味は、また格別。しかも今回は、プレーンなしょうゆ味、おろしだれと一緒に楽しむちょっと大人風味の唐揚げ、そしてケンタロウオリジナルのインド風唐揚げの３種を作るという、まさに“唐揚げ三昧”！　このように、下味や衣に一工夫することで多彩なバリエーションを楽しめるのも唐揚げの魅力ですが、揚げたてのアツアツをほお張った太一は、「肉汁がすごい！」とあふれるうまさに絶句。下ごしらえから揚げる段階まで、ケンタロウ流のコツを押さえればいつもの唐揚げが数倍美味しいごちそうに大変身するので、ぜひ習得して！　付け合わせには、野菜がたっぷり摂れるコールスローを。さっぱりとした味わいが唐揚げとよく合う、名脇役です。

自家製ピクルスに挑戦！
食材選びから始めた二人は、それぞれ好きなものを３種類ずつセレクト。
太一は、ロマネスコ（♯040の蒸し野菜でも使用。ブロッコリーとカリフラワーをかけ合わせた、イタリア産のビタミンC豊富な野菜）、プチトマト、カブを。
ケンタロウは、うずらの卵、さつまいも、たけのこの水煮を漬けることに。

絶品唐揚げ

プレーン唐揚げ

材料（２～３人分）

鶏もも肉：２枚

a
- しょうが汁：１片分、おろしにんにく：少々
- しょうゆ：大さじ１½、みりん：大さじ½
- ごま油：小さじ１、塩：１つまみ、こしょう：適宜

片栗粉、揚げ油：各適宜、マヨネーズ：適宜

作り方

1 鶏もも肉は余分な脂身を取り除き、５～６等分に切る。

★唐揚げにベストな肉は？
太：「唐揚げには、もも肉が適しているんですか？」
ケ：「もも肉がいいですね」
太：「その理由は？」
ケ：「ジューシーさです」
太：「やっぱり！ジューシーさって大事なんですね」

2 ボウルに鶏もも肉、ａを加えて手でもみ込んで５～１０分漬けておく。別のボウルに片栗粉を入れておく。

3 フライパンに揚げ油を深さ２㎝入れて中温に熱する。２の鶏もも肉の皮を広げてから片栗粉をまぶし、フライパンにギッチリ入れて中火で揚げる。まわりが固まってきたら、たまに返しながらじっくりと７～８分揚げる。

★片栗粉をまぶした鶏もも肉は、皮を下にして油に入れること。これも、カラッと揚げるためのコツ。

KENTARO'S POINT

揚げ油は、フライパンに２～３㎝張るだけでOK。使用する油が少量で済むので経済的な上、唐揚げの水分が飛びやすくジューシーに仕上がるといううれしいメリットも！

鶏肉を油に入れたら、しばらくの間は箸で触ったりしないこと。揚げ始めは衣がはがれやすいため、鶏肉の周囲が固まるまでしばらく様子を見ます。

4 全体がきつね色になってきたら竹串を刺し、澄んだ汁が出てきたら、火を強めて全体をカラッと揚げる。

5 器に盛ってマヨネーズを添える。

インド風唐揚げ

材料（２～３人分）

鶏もも肉：２枚

a
- プレーンヨーグルト：½カップ、おろしにんにく：少々
- カレー粉：小さじ２、酒、サラダ油：各小さじ１
- 塩：小さじ⅔、こしょう：適宜

片栗粉、揚げ油：各適宜、くし形に切ったレモン：適宜

作り方

1 鶏もも肉は余分な脂身を取り除き、５～６等分に切る。ボウルに鶏もも肉、ａを加えて手でもみ込み、５～１０分漬けておく。

★下味としてヨーグルトを加えるのは、風味がよくなり、さらに肉がやわらかく仕上がるため。同じく下味にサラダ油を加えるのは、カラッと仕上がるため。

2 別のボウルに片栗粉を入れておく。

3 フライパンに揚げ油を深さ２㎝入れて中温に熱する。２の鶏もも肉の皮を広げてから片栗粉をまぶし、フライパンにギッチリ入れて中火で揚げる。まわりが固まってきたら、たまに返しながらじっくりと７～８分揚げる。

4 全体がきつね色になってきたら竹串を刺し、澄んだ汁が出てきたら、火を強めて全体をカラッと揚げる。

5 器に盛って好みでレモンを絞る。

おろしだれ

材料（２～３人分）

大根おろし：８㎝分、おろししょうが：１片分
しょうゆ：大さじ½、みりん、ごま油：各小さじ１
レモン汁：小さじ１

作り方

1 大根おろしの水気を絞り、全ての材料と混ぜ合わせる。器に盛り、プレーン唐揚げに添える。

コールスロー

材料（４人分）

キャベツ：¼個、セロリ：１本
にんじん：½本、玉ねぎ：¼個
マヨネーズ：大さじ５
粒マスタード：小さじ１
塩、酢：各適宜、砂糖：２つまみ
こしょう：少々

作り方

1 キャベツは細かく刻む。セロリはピーラーで皮をむいてみじん切りにする。にんじん、玉ねぎもみじん切りにし、玉ねぎは水に５分さらす。

2 ボウルにマヨネーズ、粒マスタード、砂糖、酢を合わせて混ぜ、セロリ、玉ねぎ、にんじん、キャベツの順に加えて和える。味をみながら塩、こしょうでととのえる。

ボリューム満点の具と、鮮やかな彩りが魅力。お家で作って、

WINTER

042

3色シュウマイ

菜の花のスープ

2009.02.08 OA

photo by TAICHI

ふっくらと蒸し上がったやわらかな蒸しシュウマイと、豚肉のジューシーな旨味を堪能できる揚げシュウマイ。そして、エビ＆ホタテのプリッとした食感がうれしい海鮮シュウマイ。彩りも美しいこれらの３色シュウマイを家庭で手作りするのはちょっと難しそうですが、ケンタロウ流のポイントを押さえれば簡単に作れてしまいます！

成形時は、太「形がちょっといびつでも…」、ケ「それで全然いいんです！　蒸したら、分からなくなります」と、綺麗に作ろうと意識しなくても、仕上がりは絶対に美味しくなるので心配ご無用。

付け合わせの菜の花のスープは、鶏がらから丁寧にスープを取った絶品。スープから菜の花の香りがほんのりと感じられる、春先にぴったりの爽やかな味わいです。

作りたてのホカホカをお楽しみください！

シュウマイ（蒸しシュウマイ＆揚げシュウマイ）

材料（４人分）

豚ひき肉：300ｇ、玉ねぎ：½個、片栗粉：大さじ２
a ごま油、オイスターソース、酒：各小さじ１
塩：２つまみ、こしょう：適宜
シュウマイの皮：１袋、グリーンピース：適宜
練り辛子、しょうゆ、酢：各適宜

作り方

1 玉ねぎはみじん切りにしてボウルに入れ、片栗粉を加えて混ぜる。

KENTARO'S POINT

玉ねぎのみじん切りに片栗粉を混ぜることで、玉ねぎから余分な水分が出るのを防ぐことができる！

2 別のボウルに豚ひき肉とａを合わせて手でよく混ぜ、１を加えてさらによく混ぜる。

KENTARO'S POINT

オイスターソースを加えることで、しっかりとした味とコクが出る！
ケ：「具自体に味が付いていないと、本当に間が抜けた味になってしまうんです。（食べる時に）しょうゆを付けなくてもいいぐらいの味にしておかないと、だめなんです。そういうふうに味を付けるためと、簡単にコクを出すためにオイスターソースを入れます」
太：「なるほど。万能ですね、オイスターソースって！」

3 利き手と反対の手の親指と人さし指で輪っかを作り、上にシュウマイの皮を載せる。２の具をティースプーン１杯程載せて、輪っかに押し込みつつ、中指と薬指で支えながら、包む。バット等平らなところに置いて形をととのえる。
好みでグリーンピースを載せる。
4 半量を蒸しシュウマイにする。セイロにクッキングシートを敷き竹串で数ヵ所、穴をあける。蓋を布巾で包んで取っ手の部分にゴムで止める。
セイロに３の半量を間隔をあけて並べる。沸騰している鍋に載せ、蓋をして１５分強火で蒸す。
5 半量を揚げシュウマイにする。フライパンに揚げ油を深さ２㎝入れて中温に熱する。残りのシュウマイを入れて中火で揚げ、まわりが固まってきたらたまに返しながら揚げる。全体がきつね色になってきたら火を強めてカラッと仕上げる。
6 好みで練り辛子、酢、しょうゆをつけながら食べる。

海鮮シュウマイ

材料（４人分）

豚ひき肉：100ｇ、むきエビ：５尾、ホタテ貝柱：３個
カニ缶：小½缶、玉ねぎ：½個、しょうが：½片
片栗粉：大さじ２
a ごま油、オイスターソース、酒：各小さじ１
塩：３つまみ、こしょう：適宜
シュウマイの皮：１袋、練り辛子、しょうゆ、酢：各適宜

作り方

1 玉ねぎはみじん切りにしてボウルに入れ、片栗粉を加えて混ぜる。
2 むきエビ、ホタテは水気を拭いて７㎜角くらいに刻む。
しょうがは千切りにする。
3 別のボウルに豚ひき肉とａを合わせて手でよく混ぜ、１、２、カニ缶を加えてさらによく混ぜる。
4 利き手と反対の手の親指と人さし指で輪っかを作り、上にシュウマイの皮を載せる。２の具をティースプーン１杯程載せて、輪っかに押し込みつつ、中指と薬指で支えながら、包む。バット等平らなところに置いて形をととのえる。
5 セイロにクッキングシートを敷き竹串で数ヵ所、穴をあける。蓋を布巾で包んで取っ手の部分をゴムで止める。間隔をあけて４を並べる。沸騰している鍋に載せ、蓋をして１５分強火で蒸す。
6 好みで練り辛子、酢、しょうゆをつけながら食べる。

菜の花のスープ

材料（４人分）

鶏がら：１羽分
a 水：７カップ
にんにく、しょうが（ともに半分に切ったもの）：各１片分
ささみ：２本、菜の花：½束
みりん、しょうゆ：各大さじ½、塩、こしょう：各適宜

作り方

1 鍋にａを煮立て、鶏がらを加える。ささみは筋を取り除いてそぎ切りにする。鍋が沸いてきたらささみを加え、火を弱めてアクを取りながら１時間スープを取る。
2 菜の花は縦半分に切ってから長さを半分に切る。
3 １のスープを４カップ計量して（水分が足りなければ水を足す）鍋に戻す。みりん、しょうゆ、塩小さじ½を加えて火にかけ、沸いてきたら火を弱めてアクを取りながら５分煮る。
4 塩で味をととのえ、菜の花を加えてひと煮する。
器によそって、こしょうを振る。

一度食べたらクセになる！　白いごはんによく合う南蛮漬けと

WINTER

043

イワシの南蛮漬け

つみれ汁

2009.02.15 OA

イワシは、不飽和脂肪酸などの栄養素を多く含むといわれ、ヘルシーで積極的に食べたい食材の一つ。ケンタロウ流の南蛮漬けは、イワシ本来の美味しさを楽しめる一方、サラダ感覚で野菜もたっぷり摂れてしまう…という一皿で二度うれしいメニューです。カラッと揚がったイワシと赤ピーマンの彩りが美しく、食欲をそそります！　味の方は、「これは絶品ですね！　酢の尖った感じがなくて、甘さが出ているんですね」と太一も大感激。
つみれ汁は、仕上げにこしょうを加えることでコクが増し、なんともいえない深い味わいに。もちろん、口に入れた瞬間にホロホロとくずれる、やわらかなつみれの歯ごたえは極上で、身も心も温めてくれる汁物です。“揚げる”と“煮る”、二つの調理法でより広がるイワシ料理の世界を、ぜひお楽しみください。

photo by TAICHI

つみれ汁で、イワシ三昧

イワシの南蛮漬け

材料（４人分）

イワシ（三枚おろし）：８尾分
玉ねぎ：½個
赤ピーマン：１個
にんにく：１個
a
- おろししょうが：１片分
- 酢：大さじ２
- オイスターソース：大さじ１½
- 水、ごま油、しょうゆ：各大さじ１
- 砂糖：小さじ１

薄力粉、揚げ油：各適宜

作り方

1 玉ねぎは縦薄切りにして水に５分さらす。赤ピーマンは縦細切りにする。にんにくは皮をむく。

2 バットにａを混ぜ、水気をきった玉ねぎを加えて混ぜる。

★南蛮漬けの美味しさの決め手は、たれにあり！
太：「酢は、何を使うのがいいとか、オススメがあるんですか？」
ケ：「僕は、普段は米酢を使います。米酢が一番クセがなくていいと思います。
漬けだれに、オイスターソースを入れるのもポイントです！」
太：「確かに、南蛮漬けにオイスターソースって意外ですね」
ケ：「味にコクが出るんです」

3 フライパンに揚げ油を深さ２～３㎝入れ、にんにくを加えて弱めの中火にかける。
揚げ色がついてきたら赤ピーマンを加えて強火でサッと素揚げをし、油をきって２のバットに加えて和える。

★赤ピーマンを素揚げする時は、“５秒間”を目安に！
太：「（赤ピーマンは）生のままでもよさそうですけど…」
ケ：「完全に生だと、ピーマンだけ歯ごたえが強く出てしまうんです。それに、素揚げすることで、
味の染み込みがよくなるんですよ」

4 イワシは水気を拭いて薄力粉をまぶし、３のフライパンに入れて強火で揚げる。
まわりが固まってきたら、たまに返しながら揚げ、全体に揚げ色がついたら油をきってバットに加えて和える。

KENTARO'S POINT

揚げたてのイワシは、すぐに漬けだれに漬けて和えること！
そうすることで、イワシによく味が染み込みます。

5 そのまま１５分くらいなじませる。

つみれ汁

材料（４人分）

イワシ（３枚おろし）：６尾分
おろししょうが：１片分
a
- 卵黄：１個分
- 粉山椒：適宜
- 塩：少々

煮干しだし汁：３カップ
ごぼう：10㎝
大根：３㎝
にんじん：４㎝
みそ：大さじ２～３
こしょう：適宜

作り方

1 つみれを作る。フードプロセッサーに水気を拭いたイワシとａを入れ、断続的に回す。
粗いミンチ状になるまで回す。ボウルに移しておろししょうがを加えて混ぜる。

2 ごぼうはピーラーでささがきにして酢水（分量外）に３分さらす。
大根は３㎜厚さのイチョウ切りにし、にんじんは３㎜厚さの半月切りにする。

3 鍋で煮干しだし汁を温める。２本のスプーンを使って１を団子状にし、鍋に加えていく。
再びフツフツしてきたら２を加えて７～８分くらい、アクを取りながら煮る。

★つみれを成形する時のポイント
具を団子状にする時、表面が毛羽立った状態のままだと煮崩れやすくなってしまう。
表面がなめらかになるまで、繰り返しスプーンで形をまとめていくのがベスト。

4 味をみながらみそを溶き入れてひと煮する。器によそってこしょうを振る。

KENTARO'S POINT

つみれ汁の仕上げには、こしょうを！
ケ：「青ねぎをちらしたりしてもいいんですけど、最後にこしょうを！これが超合うんですよ」
太：「つみれ汁にこしょうって、イメージないですよ。みそ汁にこしょう、普通は入れませんよね」
ケ：「まずは、こしょうをかけないのを飲んで、味を比べていただきたいです」
太：「こしょうを入れるっていう、その発想がすごいですね！」

“つみれ”と“つくね”の違いって？
つみれは、具をスプーンなどで適当な大きさにすくい、煮汁などで煮た料理のこと。
“摘み入れる”という言葉が変化したといわれています。つくねは、具を手でこねて丸く形を作り、揚げたり焼いたりした料理のこと。“こねる、丸める”という意味がある“捏《つく》ねる”からできた言葉だとか。

母

太一レシピ

TAICHI RECIPE

愛情たっぷり、心から癒やしてくれる懐かしい味

**太一が帰省する時、必ず食べるという納豆汁を
お母さんに作ってもらいました。国分家秘伝のレシピを初公開！**

納豆汁

材料

納豆汁の具材：
　わらび、細竹、なめこ、山うど、ならたけ
納豆（100ｇ）：６パック
油揚げ：３枚
豆腐：２丁
いもがら（さといもの茎）

※いもがらの戻し方…
80℃ぐらいのお湯に入れて10～15分程度おいてから、流水で冷やして水にさらし、アク抜きをして、よく絞って適当な大きさに切る。

みそ：適宜
薬味（みじん切り）：セリ、ねぎ

作り方

1 すり鉢に納豆を入れて、粒がなくなるまですりつぶす。

KUNIKO'S POINT

納豆は、ペースト状になるまでよくすりつぶすこと！

2 鍋に水を入れ、沸騰してきたら、納豆汁の具材と油揚げ、いもがらを入れて、約１５分煮る。
3 いったん火を止めて、みそと納豆を一緒にこしながら、少しずつ入れる。

KUNIKO'S POINT

煮立った汁に直接納豆を入れると、ダマになってしまいます。
様子をみながら、少しずつ加えてください。

4 弱火で５分ぐらい、ゆっくりとおたまでかき混ぜる。
5 最後に、サイの目に切った豆腐を入れる。

★薬味
・好みで、みじん切りにしたねぎ、セリを入れて食べる。
・唐辛子を入れて食べると美味しいです。

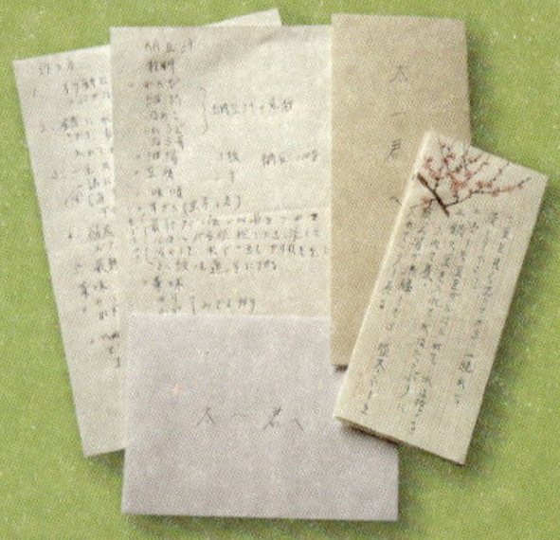

納豆汁には、お母さんから丁寧なレシピ解説とお手紙が添えられていました。向かって右側は、#037で作った「ひたし豆と数の子の和え物」のレシピ。

COOKING!! TALKING!!

――以前、二人の間でこんなトークが…
太「ウチの正月料理は、納豆汁なんですよ！」
ケ「えっ！？」
太「で、納豆汁を食べに、オレの同級生とかがオレがいなくても、実家に来るんですよ」
ケ「超食べたい！」
――今回、そんなケンタロウのリクエストに応えて念願の納豆汁が登場！
太「以前、ケンタロウさんが、僕の両親が作る納豆汁を食べたいって言ってたじゃないですか？」
ケ「言ってましたね！」
太「母ちゃんが作った、この納豆汁っ！（大きな容器に入った納豆汁を出す太一）」
ケ「う～わっ、すごいっ！」
太「これですよ！」
ケ「オレ、本当に食べたかった！」
太「手紙も。（“太一君へ”と書いてある封筒を出す太一）」
ケ「お手紙！太一君へ！お手紙入りで！」
太「（手紙を読む太一）『身体は大丈夫ですか？仕事場では、インフルエンザが流行しています。私たちは食事と睡眠をよくとっているので、今のところ大丈夫です。太一も身体に気を付けてね。納豆汁ですが、もし分からないことがありましたら、電話ください』（笑）！電話するんだ（笑）」
ケ「（笑）！」
――同封されていたお母さんのレシピに従って、最後の仕上げを
太「お豆腐は最後に入れるように、と。日持ちさせるために、お豆腐が腐っちゃうといけないんで、一番最後に入れるというようなことを言ってましたね」
ケ「なるほど！分かりました！」
太「あと、セリとねぎを細かく切ります！」
ケ「細かく！分かりました！」
太「すごい納豆のにおいでしょ？」
ケ「でもね、納豆の粒とかは、全くないんですよ」
太「これねぇ、“ＫＰ”なんですよ、ココ！」
ケ「コクブン・ポイント！」
太「あのねぇ、国分クニコなんで～、クニコ・ポイント！」
ケ「クニコ・ポイント（笑）！」
太「すり鉢に納豆を入れて粒がなくなるまですりつぶすということが。で、これは、ウチの父親がやらないとダメみたいです！」
ケ「おっ！（粒がすりつぶされているから）納豆だって分からないですもん」
太「なのに、においは納豆のにおいですもんね！」
ケ「チョー納豆のにおい！」
太「セリもねぎも、親が用意したんですよ（笑）」
ケ「えっ！マジですか！？」
太「豆腐も」
ケ「（お母さんから）渡された…リアルに、国分家で使っている豆腐！」
太「はい、そうです。一週間前ぐらいに、母親に連絡したんですよ。そうしたら、『（納豆汁を作るのは）全然かまわないけど、田舎から全て材料を取り寄せるので、それが間に合うかどうか心配…』って話をして。これ、だから全て山形の…」
ケ「全て！」
――完成・試食
ケ「すげぇ、うまそう！！」
太「今年、食べるのは何回目だろうなぁ…」
ケ「まずお正月！お正月のものなんですよね？太一くんの家では」
太「お正月のものです。これにセリとねぎを、自分の好きな量だけ。セリは多めの方がいいって母ちゃんは言ってましたね」
ケ「じゃあ、多めに」
太「で、ここに一味か七味か」
ケ「うまそ～っ！！」
太「これ、うまいっすよ！マジで！」
ケ「いただきま～す！（食べて）うまぁ～いっ！あぁ、うまぁ～いっ！これ、食感がどれも違って納豆のにおいがするんだけど…」
太「味にはそんなに出てこないですよね？」
ケ「そんなにすごい納豆の臭みがあるとかじゃないのに…」
太「でも、みそ汁でもないですよね？」
ケ「うまぁ～いっ！」
太「これはリアルに母ちゃんの味なんで、ちょっと…恥ずかしいですねぇ（と、急に照れ出す太一）」
ケ「あぁ、うまぁいっ！！（ひたすら食べ続けるケンタロウ）」

※納豆汁とは
山菜や豆腐が入ったみそ汁に、ペースト状にすりつぶした納豆を入れた山形県を代表する郷土料理

男子ごはんトーク集 10

冬のおもしろトーク集

#034

ブリブリ定食

2008.12.07 OA

KP（ケンタロウズポイント）流し

――ブリのあら煮の工程で

ケ「これ（ブリのあら）を、サッと下茹でします！」
太「なんでですか、それは？」
ケ「臭みを取るためです！」
太「ほぉ！」
ケ「これ、まぁ一つのＫＰです！」
太「はぁはぁ…臭みを取る…」
ケ「！…え？今、ＫＰ流した？サラッと（笑）！」
太「いやいやいや…（笑）」
ケ「はぁ～んみたいな感じで（笑）！」
太「いやいや…（笑）」
ケ「久しぶりにオレ、（自ら）“ＫＰ”って言った気がするぐらいなのに（笑）！」
太「あははは（笑）！」

“シャープ”なねぎ

――ブリ照りの長ねぎを切る工程で

ケ「まず、ねぎを！」
太「これ、どうやって切るんですか？」
ケ「ま、どう切ったっていいんですけど、ちょっと長めに」
太「（ケンタロウが切っているのを見て）あっ、長い！」
ケ「なんで長くするかっていうと、カッコイイからです！」
太「（笑）！」
ケ「なんか、ほら！できそうじゃないですか！」
太「うん、できそう！（長ねぎを切り始める太一）」
ケ「料理ができない人は、絶対こんなふうに切らなそう！」
太「（切った長ねぎを持ち）東山紀之です！！って感じですよね？」
ケ「そうそうそう！そういうことですよ（笑）！シャープじゃないですか！」
太「シャープ（笑）」

#035

カニ豚チゲ

2008.12.14 OA

今回は“いい人っぽい”ねぎ

ケ「ねぎを、ちょっと斜めにいきますかね？ちょっとこう、小っちゃめに」
太「小っちゃめに！（ねぎを切り始める太一）」
ケ「あの～、ブリ照りの時みたいなカッコよさじゃなくて、ちょっと“いい人っぽい”感じで」
太「あぁ～！いい人っぽい感じ…」
ケ「うんうん、鍋ですからね！あったかさが…」
太「（切ったねぎを持ち）長野博！！みたいな（笑）」
ケ「あぁ、いい人そう（笑）！」
太「いい人そうですよねぇ（笑）」
ケ「やっぱり長野くんは、いい人ですか？」
太「絶対いい人ですよ！あの人、悪い人じゃない！」
ケ「（笑）！」
太「ショックだもん！あの人が悪い人だったら！」
ケ「あははは（笑）！何も信じられないですよね？長野くんが悪い人だったら！」
太「何も信じられないです！長野博は悪くないっ！絶対悪くないっ！！」
ケ「（笑）！」

#036

ローストチキン

2008.12.21 OA

“インチキ”カニピラフ

ケ「ごはんなんですけど！インチキカニピラフを」
太「“インチキ”ってつけちゃって、いいんですか（笑）？」
ケ「はいはい、まがいもんですよ！」
太「どこらへんが、インチキになるんですか？」
ケ「ピラフって、そもそもは炊き込む物のことなんですけども、（今回は）炊き込みも炒めもしない！」
太「えっっ！？」
ケ「もう、何もしないっ！もうほんとにしないね…もう、混ぜるだけ！」
太「それでもう、ピラフになるんですか？」
ケ「なるんですよねぇ～！」

――味見

太「うわっ、ピラフだぁ～っ！」
ケ「ピラフでしょ～？」
太「はい！うわ～、ほんと、炒めなくてもね！うまい、うまい！ナイス・インチキですよ！」
ケ「（！）」
太「（ケンタロウを指差して）Mr.インチキ！！」
ケ「（！！）」
太「（カニピラフを指差して）インチキ・料理！！」
ケ「（！！！）」

ケンタロウは子供の頃からパセリ好き

太「パセリも、子供の頃、大っ嫌いだったなぁ～」
ケ「あっ、そうですか！」
太「全っ然、ダメでした」
ケ「分かるなぁ～。オレ、好きだったんですけど。でも、特殊だって思ってました」
太「パセリ、子供の頃好きな子いるんですか（笑）？」
ケ「うん。オレたちほら、昭和（の子供）だから、よくパセリが脇に添えられてたじゃないですか？」
太「ほんとにっ、もう確実にっ！」
ケ「ね？外食の、もうほんと１０回に８回は添えられてるみたいな。で、食べてました！」
太「すげぇなぁ～！ケンタロウさん、それ、小学校の頃からもうヒゲ生えてたでしょ～？相当！」
ケ「生えてねぇよ（笑）！！」

#037

ビーフカレー

2009.01.04 OA

岡村さんの失敗

――玉ねぎを炒めながら

ケ「岡村さん、どうですか？こういう感じ（フライパンを片手で返すの）は？」
岡「全然できますよ！でも、量が多いなぁ…」
太「いやいや、やってみましょうよ！」
岡「これ普通にできるで！…あっ！（玉ねぎを床に派手に落とす岡村さん）」
ケ「（笑）！」
太「普通じゃない！普通じゃないですよ（笑）！」
岡「量が多いねんて！」
ケ「ヘラを使う方がラクですよ」
岡「その方がええよ！」
ケ「はははははは（笑）！さっきの失敗が（笑）」
岡「うん、もう心折れた！」
太「あはははは（笑）！頑張ってくださいよ！」
岡「ホンマにオレ、できんねんて！太一くんはね、人のミスをすごい笑うよね？」
太「あはははは（爆笑）！！」
岡「で、スベった時とかすごい顔で見てるよね？」
太「あはははは（爆笑）！！それはだって、本業の人が失敗するのって、なかなか見られないじゃないですか！」
ケ「そこは、サラっといってくれてもいいワケですよ」
岡「そうそう！」
太「いやいや、岡村さんがスベってるの、結構ありますからね！」
岡「結構ある！あの～、３分の２ぐらいスベってる…スベり過ぎや！！」
2人「あはははは（爆笑）！！」

太一に送られてきた岡村さんからのメール

太「こういう感じで、（岡村さんと）一緒にごはん食べたりしてるワケですよ、プライベートでも」
岡「そうそうそう！」
ケ「普段もこんな感じですか？」
太「めちゃめちゃ静かですよ！」
岡「うん」
太「必ず岡村さん、飯にいく時ってメールくれるんですけど、もうふた言だけとか。『ヒマ？』とか」
岡「僕、ほんとねぇ～、太一くんにだけ絵文字使うんですよ、メール…」
太「ああははははは（笑）！」
岡「他、誰も絵文字使わない。なぁ？」
ケ「ああははははは（笑）！」
太「『空いてますよ！』って返すと、ハートマークで、『ありがとう♥』って送られてくるんですよ」
ケ「ああははははは（笑）！」

2009年の３人の抱負

――漢字一文字で書き初め～まずは太一から発表！

太「まず僕から！（太一が書いたのは『動』）
動く！まだ（人から）教えられることがたくさんあるんですよ！料理も今年で２年目に入りますけれども、教えられたことを今度は行動に移そうかなぁ～と思っていて。ということで動くです！」

――続いて、ケンタロウ

ケ「（ケンタロウが書いたのは『骨』）
僕去年、骨折したんですよ。で、骨を大事にしたい…というのに引っ掛けて、芯をしっかりして軸はブラさずに、色んなことをやっていきたい！」

――最後は、岡村さん

岡「（岡村さんが書いたのは『愛』）
私はコチラ！愛！これはもう、今年３９歳になりますからねぇ、精一杯人を愛したいし、愛されたいという…。2009年はもう、絶対誰かとお付き合いしたいです！」
太「ほんと毎年言ってますよね？」
岡「なぁ？これをホンマ目標に。４０歳になってしまうよ」
太「ほんとですよ」
岡「ディズニーランドにも行かなあかんし…」
太「ディズニーランド、まだ１回も行ってないんで

男子ごはんトーク集⑩
冬のおもしろトーク集

す。理由があるんです、これ」
ケ「え？何ですか？」
岡「子供と一緒に行くっていう…」
ケ「もうそろそろ、行ってもいいですよね？」
岡「ディズニーシーはね！ディズニーシーはもう、解禁にしようかと」
太「え？どういう意味ですか？」
岡「ん？もう、待ってられへん！」
2人「あはははは（笑）！」

#039
五目あんかけかた焼きそば
2009.01.18 OA

チェッカーズ！

太「これ、五目って決まってるんですか？何を使うとか」
ケ「まぁ、５種類…ぐらい？っていうことで、色んな物が入ってますよ…っていう。今日なんか、五目超えてるんじゃないかな？１・２・３・４・５・６・７！」
太「七目！最後、高杢（タカモク）で。♪ボボンボンボン…（笑）」
ケ「そうね（笑）、低い担当で！」
太「♪ボボンボンボ〜ン！」
ケ「うんうん（笑）」

間違ってないみたいな言い方

——フライパンに合わせ調味料も入れ終わり、あんの完成間近
太「（きくらげの入ったボウルを近くに引き寄せる太一）」
ケ「あっ！！」
太「えっ！？」
ケ「きくらげ忘れてた！オレ」
太「マジっすか！？これ、一番最後かと思ってた」
ケ「炒めたかったんですよねぇ」
太「えぇ〜っ！？」
ケ「でもいいや。きくらげ入れまぁす！！」
太「えぇ〜っ！？何か、間違ってないみたいな言い方じゃないですか〜！」
ケ「え？」
太「だって、炒めたいって言ったじゃないですか〜、今！」
ケ「いやいやいやいや…（笑）」

#040
オムハヤシライス
2009.01.25 OA

ハヤシライスかカレーか？

太「ハヤシライスって、なんか、ハヤシライスかカレーか？っつったら、カレー食っちゃう…」
ケ「…あ！何？作る前からそんな！」
太「いやいや、なんか、メニューでハヤシライスとカレーがあるとするじゃないですか？そしたらやっぱ、カレーいっちゃわないですか？」
ケ「いっちゃうね（即答）！」
太「へへへへ（笑）！」
ケ「カレーが大好きだから、オレ！」
太「へへへへ（笑）！ですよね（笑）？」
ケ「大好きだから、カレーがっ！」

KK！

——フライパンに一口大に切った牛肉を加え
ケ「毎回、（牛肉を）１枚ずつはがして入れればよかった…とココで思う（笑）！」
太「えへへ（笑）！なるほどねっ！」
ケ「その方が、結果ラクです！」
太「ケンタロウ・コウカイ！」
ケ「はい（笑）ＫＫ（笑）！」
太「ＫＫ（笑）！ケンタロウ・コウカイ（笑）」

太一がケンタロウを納得させた！

——変わりダネ野菜・ロマネスコ（ブロッコリーとカリフラワーをかけあわせたイタリア産の野菜）を切っている太一
ケ「これ、（切り方）難しいねぇ！真ん中全部余っちゃうもんねぇ？」
太「でもこう、（真ん中の芯の部分を）ちょっと切っていけばいいんじゃないですか？」
ケ「あ、そっかそっかそっかそっか…」
太「（うれしそうに）オレが今！ケンタロウさんを！」
ケ「ふふふ（笑）」
太「納得させた！すげぇ、料理で！！」
ケ「納得した、今！」
太「しましたよね？」
ケ「納得した！すごい納得した！（が、改めて太一が切ったロマネスコを見て）粉々じゃん？」
太「ははははは（笑）なぁにがですかぁ！今、ホメたばっかじゃないですかぁ！だってぇ〜っ！」
ケ「んふふふふ（笑）だって、あまりにも大きさが違うと…」
太「あっ！大きさそろえる系で、いきますか？」
ケ「言ってなかったっけ（笑）？」
太「言ってないです！聞いてなかったです！」
ケ「あんまりにも大きさが違うと、火の通りが違いすぎちゃう…」
太「違いすぎる？…そこをなんとかぁ！」
ケ「あはははははは（笑）！！」

かわいい子には〜

——いったん外で冷ましたハヤシソースを、改めて味見する太一
太「うわぁっ、（冷ますのと冷まさないのとでは）違う！」
ケ「そうでしょ？」
太「深みが出るっ！」
ケ「そうなんですよ。ほんとに違いますよね？」
太「やっぱ、かわいい子には旅をさせろ！ですね」
ケ「そういうことですよ！」
太「ほんとにね！」
ケ「たまには、やっぱりそういうね、寒風吹きすさぶ…」
太「ね？（いい声で）『母さん！ただいまっ！』って（笑）」
ケ「そうそうそう（笑）言ってる（笑）！」
太「っていう味になりましたよね（笑）？」
ケ「言ってる（笑）！ハヤシくんが！」
太「ねぇ（笑）？」

#041
とり唐揚げ３種
2009.02.01 OA

テレビなんだから！

ケ「しょうが！汁だけ！（と、切った鶏肉を入れたボウルにしょうが汁を入れるケンタロウ）」
太「汁だけなんですか？」
ケ「なぜかと言うと、繊維まで入ってるとこげやすいんですよ」
太「あっ！オレ、今言おうと思ったぁ〜っ！」
ケ「（笑）！」
太「言われたぁ〜っ（笑）！」
ケ「（笑）！」
太「なんか、クイズ形式にしてくれたらオレ、言えました。今！」
ケ「あぁ！『なんででしょうか？』と。分かった、分かった！じゃあ次はクイズ形式にする（笑）！」
太「ちょっとぉ〜っ！」
ケ「ごめん、ごめん（笑）！」
太「そういうの、テレビなんだから考えながらやってよぉ〜っ！（ふくれ面を作る太一）」
ケ「ごめんごめんごめんごめんごめん（笑）じゃあ次は、分かった分かった分かった！」
太「『なんででしょうか？』みたいなこと、やりましょうよ！」
ケ「分かった分かった！そうだよね？そういうことだよね？テレビってね！」
太「そうですよ〜（笑）！」
——続いてインド風唐揚げにとりかかる太一
ケ「太一くんの方は、ヨーグルトを入れて…」
太「全部入れちゃっていいですか？」
ケ「いいですよ！」
太「汁だけ？」
ケ「ふふ（笑）難しくない（笑）？ヨーグルトの汁って、どっからどこまで（笑）？」
太「（笑）」

#042
３色シュウマイ
2009.02.08 OA

“ヤキウリ”

太「嵐の櫻井翔くん、いるじゃないですか？」
ケ「はいはい」
太「今、それ言っただけでも視聴率上がったでしょうね〜！」
ケ「あははははははは（笑）！」
太「櫻井翔くんとね、ドラマやってる時に、中華料理屋さんに行ったんですよ」
ケ「はいはい」
太「で、意外と高級だったんですよね。そこで、僕が店員さんに、メニューで分からない漢字があったんで、『この“ヤキウリ”って何ですか？』って聞いたんですよ」
ケ「聞いちゃった（笑）？」
太「はい。そしたら櫻井くんが失笑しながら僕に、『シュウマイ（焼売）です、それ！』って」

ケ「あはははははは（笑）！」
太「そんな彼は今、ニュースを読んでます！」
ケ「あはははははは（笑）！読んでるねぇ！」
太「この差ですっ！」
ケ「あはははははは（笑）！」

昭和コント

ケ「こしょうを…（豚肉にこしょうを振るケンタロウ）」
太「うわぁ～、ベタに鼻がムズムズしてきた…。ちょっと上から振りましたよね？今」
ケ「ベタだなぁ～（笑）」
太「ほんっとに、鼻がムズムズしてきた！」
ケ「そんなことでいいの～（笑）？」
太「ここでくしゃみ出したら、昭和ですよね？」
ケ「昭和だね（笑）！完全昭和（笑）！」
太「昭和コントになっちゃう！」

#043

イワシの南蛮漬け

2009.02.15 OA

番組スタッフ調べ

ケ「（イワシを手に）これ、魚屋さんでさばいてもらったり、スーパーですでに３枚におろされてるものを買ってきて作れば、それでいいんです！」
太「はい」
ケ「でも、番組スタッフ調べで、何か魚がさばける男はモテるらしい！」
太「なんですって！！」
ケ「顔つきが変わったねぇ～（笑）」
太「（キリッとした表情で）やらなければっ！！」
ケ「あはははは（笑）！」
太「モテるんですか？」
ケ「モテるらしいよ、（笑）！」

カマスとコイワシ

――太一がイワシの３枚おろしに初挑戦！

ケ「イワシってね、ちょっとなんて言うんですか？こう、黒目がちなつぶらな瞳で…」
太「そうですね。ちょっとかわいいっすよね」
ケ「ちょっと心が痛みます！」
太「う～ん…」
ケ「特に、コイワシ（小鰯）！チョー顔がかわいいの！だから、コイワシの時はあんまり顔を見ちゃダメなんですよ」
太「そこポイントですね！」
ケ「うん。カマスとか、何て言うの？こう結構何か…（下アゴを前に突き出して）こういう顔だから！」
太「（下アゴを前に突き出して）どうも！カマスですっ！」
ケ「そうそうそうそう（笑）！！そういう感じだから、まだいいんですけど」
太「あはははは（笑）」
ケ「コイワシは、瞳がつぶらなんですよ」
太「なるほど！（カメラ目線で、つぶらな瞳とかわいい表情を作り、首をちょっとかしげる太一）」
ケ「そう！そういう顔！ほんとそういう顔！」
太「（かわいい声で）コイワシですっ！」
ケ「そう！…やりたいだけじゃん（笑）！」
太「あははは（笑）！すいません、全然進まない…（笑）」
ケ「ははははは（笑）！」
太「包丁、１回も触ってない、まだ（笑）！」
ケ「ははははは（笑）！」

スタッフ参加型番組

――二人が数週間前に作ったピクルスを試食～ピクルス液に漬ける期間が長すぎてあえなく失敗

太「（さつまいものピクルスを食べ）あっ、これマズイっ！！」
ケ「あっっ！！」
太「これ、失敗じゃないですか？」
ケ「あっ！言っちゃう！？」
太「でもこれはね、あとで皆で責任を持ってね（ちゃんと全部食べます）！」
ケ「もちろん、もちろん！」
太「（樋地カメラマンに）さつまいも、食べますか？」
ケ「あっ、何？そんなに言うなら…」
太「一口で（笑）！（うれしそうにさつまいものピクルスを樋地カメラマンに差し出す太一）」
樋「（食べて）あっ、全然大丈夫！」
太「マジで～（笑）？」
ケ「マジですか？それで、ワインとかイケちゃう？」
樋「イケる！全然大丈夫！」
ケ「なぁんだ！」
太「じゃあ、好きな人は好きな味なんだなぁ～」
ケ「そうなんだぁ～」
樋「もう、全然！マジで、マジで！」
太「（急に厳しい口調で）ちょっとしゃべりすぎじゃない？？」
樋「（笑）」
ケ「あはははははははは（笑）！」
太「（笑）」

太一×ケンタロウ 男子ごはん
収録スタジオ紹介！

ある晴れた、日曜日の昼下がり。お互いの家に遊びに行って今一番食べたい料理を作り、思いっきり"おしゃべり"と"ごはん"を楽しむ──。
そんな『男子ごはん』のナチュラルでアットホームな空気感の演出に一役も二役も買っているのが、番組を収録しているハウススタジオの存在です。
大きな窓から日の光が贅沢に降り注ぐ、開放的なリビング。そこに何気なく置かれているのは、木のぬくもりあふれる家具や、決して飾らないけれどセンスのよさを感じさせる雑貨たち。
実は、これらのアイテムは太一とケンタロウが一つ一つアイディアを出し、吟味していった品ばかり。料理番組としてレシピを紹介することはもちろん、日常的に料理を作ることの楽しさを感じてほしいから…と、その"空間作り"にも徹底的にこだわりました。

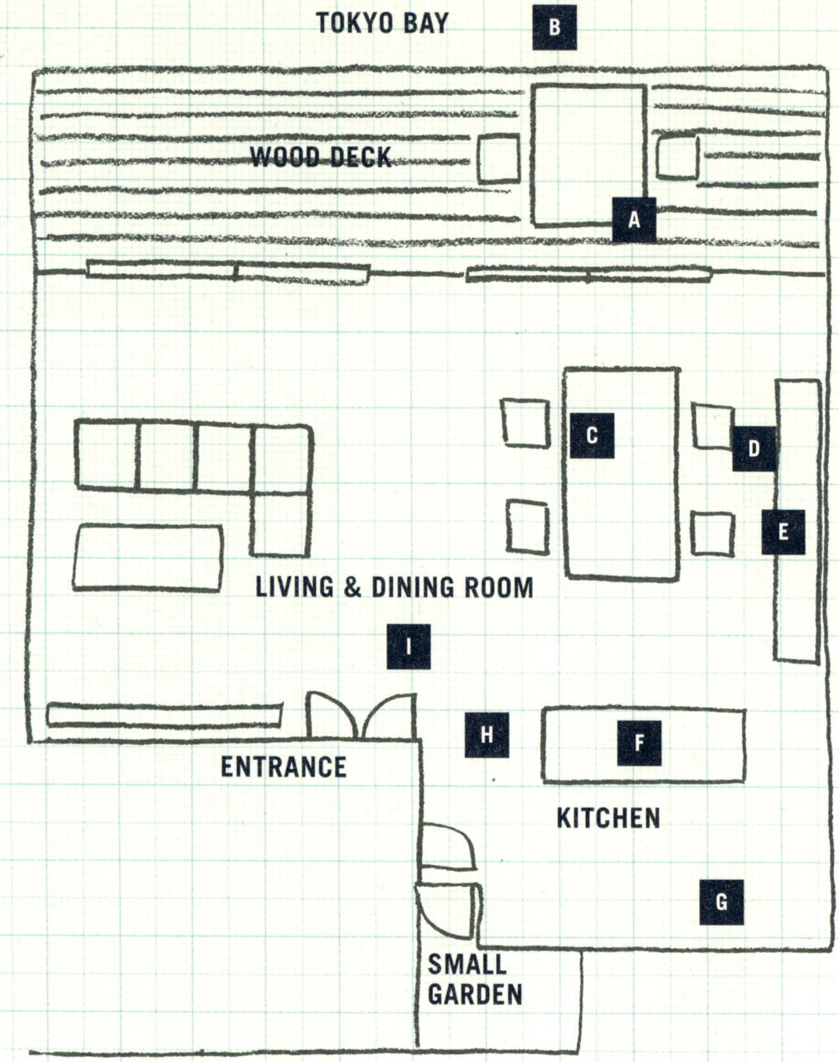

A ウッドデッキ

天気がいい日は、"オープンデッキで試食"が定番のスタイル。開放感たっぷり、爽やかな空間でガッつくごはんは、格別の味です。幸せそうな笑顔の太一×ケンタロウを見ていると、たまには少し違ったシチュエーションで食事するのも楽しそう、と思いませんか？

B 窓の外の景色

収録中、工事作業中のユンボが大回転したり（P.32 ♯009のトーク参照）、漁船がものすごいエンジン音をたてて通過したり…と、湾岸エリアではハプニングが続出!?　写真は、♯039の収録時に太一が撮影した、美しい夕景。

C リビング

リビング中央には、番組のために特注されたTRUCK FURNITUREの大型ダイニングセットが。シンプルながらあきのこないデザイン、使い込む程に愛着がわく味わいと存在感は、太一×ケンタロウが『男子ごはん』に抱く思いと重なる部分が。

D キャビネット

たくさんの引き出しがついた使い勝手がよさそうなキャビネットも、番組用に特別に作っていただいたTRUCK FURNITUREのオリジナル家具。棚の上には、太一×ケンタロウのお気に入り雑貨や、香港ロケのお土産たちがディスプレイされています。

E 太一カメラ

毎回、料理を撮影している太一愛用の私物。れっきとしたデジカメですが、シャッターを押すたびにフィルムを巻き上げるような操作が必要など、アナログ感満載！　布製のカラフルなストラップは、スタイリストくんの手作り。

F キッチン

太一×ケンタロウとスタッフの距離が近く、終始、笑顔となごやかな雰囲気に包まれている収録現場。スタッフから出されたカンペに思わずつっこむ二人、それをネタにトークが発展していく…という画は、よく見られる光景。

G 冷蔵庫

冷蔵庫のドアには、ケンタロウの私物の海外土産のポストカードや雑誌の切り抜きなどがマグネットで貼られています。一見、何気ないディスプレイに見えますが、１点１点、どれも個性的で、ケンタロウの趣味性がうかがえる物ばかり。

H 写真撮影コーナー

恒例の、太一による写真撮影。“できあがった料理は、熱々の一番美味しいタイミングを逃さずに速攻で食べたい！”ということで、写真撮影から試食のセッティング替えはスタッフ一丸となってスムーズに進められます。

I チーム男子ごはん

『男子ごはん』の制服といえば…そう、短パン！　太一×ケンタロウはもちろん、いつからか収録現場に集まるスタッフは、続々と短パンを履くようになったとか。写真は、太一撮影。太一がカメラを向けると自然に整列したスタッフ陣。

TALK ABOUT “TRUCK FURNITURE”

『男子ごはん』のセットを語る時に欠かせないのが、TRUCK FURNITUREの家具（写真A、C、D参照）。実はこの家具の存在は、太一とケンタロウの出会いのキッカケの一つでもあったのです。

番組セットへのこだわり～二人の出会い

太「この番組ってね、セットとか、置いてあるテーブルとか、僕ら的にはこだわりがあるんですよね？」
ケ「これはもうほんとに、こだわって…ほんとにシンプルで、使う程に自分の物になってくような…」
太「汚れていけば、それが味になるような家具ですよね？」
ケ「どんな空間でも、そこんちの物になるみたいな感じがあって…。でも、TRUCKだって分かる！　みたいな」
太「どうやって出会ったんですか？」
ケ「あの～、道端で！」
太「えっ！？」
ケ「TRUCKが、すっごいシャレたカタログを出していたんですね、写真集みたいな。それが仲間内で話題になってたんですよ。で、僕も持ってて、ある日代官山で、向こうから歩いて来た人に、『ケンタロウさんですよね？』って言われたんです。何かあまりにもいい雰囲気の方だったんで、普段聞かないけど、『何をされてる方ですか？』って聞いたんですよ」
太「なんとなくですか？」
ケ「…なんとなく！　で、その方が名刺をくれたら、TRUCKの方だったんですよ！」
太「すごーい！！確かに僕も、TRUCKとの出会いというのは、同じように、写真集なんですよ。僕の場合は、そこにケンタロウさんが写ってたんですよ」
ケ「よく、分かりましたね～！」
太「で、僕もTRUCKの家具が好きだから、たぶん（ケンタロウさんも）同じようなセンスをしてんじゃないかな…ということで、ケンタロウさんと一緒にお仕事がしたい！って言ったワケですよ！」
ケ「じゃあ、僕らの出会いも、TRUCK抜きでは…」
太「そう！！」
ケ「なかったってことですよね？」
太「すごーーいねーー！！」
ケ「すごいですね！それは！！」
太「すごい話ですね、これは！！」
ケ「すごい！！」
太「で、僕…TRUCKの家具、１個も持ってないんですよ！」
ケ「(笑)！！」
（#004　2008.05.11OAより）

STAFF VOICE

番組作りに関わるスタッフの皆さんに、『男子ごはん』について、そして太一×ケンタロウへの思いを語ってもらいました。

1. 名前
2. 役職
3. 年齢
4. 性別
5. 好きな食べ物

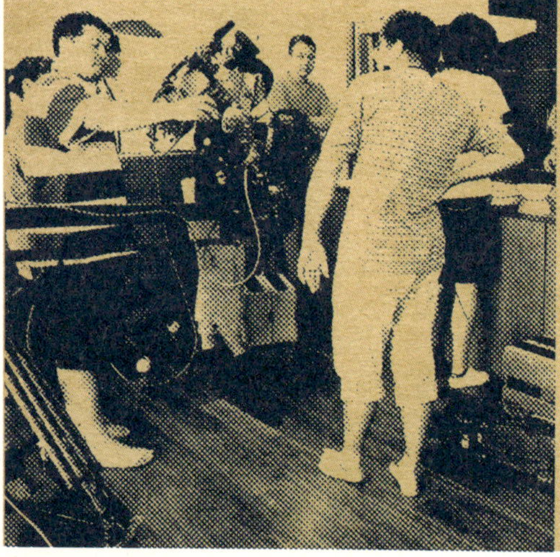

1. 松澤 潤 JUN MATSUZAWA

2. プロデューサー
3. 40歳
4. 男性
5. からすみ

スタート当初、太一さんからは、料理番組という型にはめずイチから作っていきたいという強い意志を感じましたね。ケンタロウさんからは、ごちゃごちゃと足さないシンプルな番組で、見た人がちゃんと作れるものにしたいと。お二人の重なっている部分は“リアル”なものにしたいということ。簡単そうに見えて、これが一番難しい。
例えば、撮影場所も自然の光が入るところというイメージが当初からあったんですが、天候や時間に左右されるので、普通はスタジオで自然光に見える照明を作って収録するんです。でもこの番組はそういうことじゃないと、スタッフが探しまわって今の場所に。雨の日でもあえて外をバックに試食しているんですが、この番組ならそれもアリだなと。
料理の見せ方にしても、素材を切るところから始める。煮込む時間もほぼそのままだし、時間がかかる場合は普通差し替えするんですが、ケンタロウさんはそのことをきちんと言うんです。これは、煮込んだ過程で大きさや形が変わったと誤解されたくないからなんですね。また、たまに調味料の入れ忘れもあったりするんですが、その場合の対処の仕方も教えたりするのは番組らしいかなと思います。家庭で料理を作っていたら普通にあることですからね。
これからは、もっとお二人のライフスタイルが出るような企画をやっていきたい。例えば素敵な食器を見つけてそれに合う料理を作ったり、お父さんが威張れる夏のキャンプ料理とかもいいかもしれません。
季節感や手作りの大切さ、楽しみを伝えながらも、真夏にチゲを汗だくで作ってしまう…“真っ当”で“やんちゃ”な番組でありたいですね。

1. 掛水伸一 SHINICHI KAKEMIZU

2. 総合演出
3. 40歳
4. 男性
5. 鮨・肉料理

太一くんとは、TOKIOが初めてレギュラー番組を持った『鉄腕！DASH！！』の頃からだから、もう10年以上の付き合いになります。仕事を通してお互いのことをよく分かっているつもりだし、『男子ごはん』のプロジェクトが動き出した当初から、別の番組で会った時や電話、メールなどで、頻繁に意見交換をしたのを覚えています。太一くんは自らの企画で、しかも在京キー局レギュラー全局制覇ということもあり、変な言い方だけど前向きというか…すごく気合いが入っていました。最初から太一くんの中で“ナチュラルでゆるい雰囲気の番組をやりたい”っていう思いがあって、セットのイメージもある程度思い描いたんです。自然光が入って、木がふんだんに使ってあって、あたたかみのある空間で…。内容は、料理番組だから料理が基本にあるのは当然なんだけど、出演者二人が全く料理と関係ないことをしゃべっている。「『タヒチ本』の、あの雰囲気の延長線上で、二人だけでやりたいんだ」っていうのは、熱く語っていましたね。『男子ごはん』は、その熱さに、できる限り応えていきたいと思って作った番組なんです。
ケンタロウさんは料理はもちろんですが、多岐にわたる芸術的なセンスはさすがだと思います。最初は美術スタッフによるセットのイメージもあったんですけど、「もっといい方法があるんじゃないか」とケンタロウさんのお知り合いの家具ブランド（TRUCK FURNITURE）に特注することになって。料理だけでなく、違う分野にも造詣が深くてアイディアがポンポン出てくる。物事の全体を見据えているから、いつでも「そこまで考えているんだ」って驚かされています。それにケンタロウさん、トークも最高ですよね。
僕は当初から携わりましたが、実務的なことは若いスタッフに任せて一歩引いた立場から収録現場を見ています。太一くんもケンタロウさんも、若いスタッフとの仕事を楽しんでくれているし、二人がスタッフを温かい目で見て、育ててくれているんだな、と感じることもあります。常々実感するのは、出演者もスタッフも、すごくいい関係でいい番組ができているということ。皆、この現場にきたがるんだけど、誰もがこの空間が好き、居心地がいいって言ってくれる。自分自身、『男子ごはん』が好きだから長く続いてほしいと思います。番組が1年を通して成長する中で、ゲストを呼んだりと少しずつ変わっていくこともあるけれど、根底に流れる部分は変えずに、これからも皆さんに愛される番組に成長していくことを期待しています。

1. 山地孝英 TAKAHIDE YAMAJI

2. プロデューサー
3. 45歳
4. 男性
5. 豚のしょうが焼き・親子丼

太一くんとは長い間、一緒に仕事をしてますが、この番組の企画を立て始めた時、料理ができないとは言っても、料理番組をやりたいって言うくらいだから、きっとそこそこはできるんだろうと思ってました。でも、これが、本当に知らなくて（笑）。普通の男のコって感じでね。その太一くんの「分からない。どうして？」を素直に出す感じが、料理をやらない男性の立場を代表しているって言うのかな。上手く視聴者に伝わるように表現してくれていますね。でも、それを差し引いても、本当に知らねぇなーっ！て毎回、思いますよ（笑）。
そんな太一くん相手にケンタロウさんが、いかにも簡単そうにしゃべってくれる。そのコラボレーションがいいじゃないですか。1年前は仲がいいなりにも多少ぎこちなかった二人が、どんどん打ち解けて気心が知れていく。その感じも、番組の中に出てきてる。料理に関してはシロウトな太一くんとウチのスタッフがケンタロウさんに料理を教えてもらいながら、逆にトーク、バラエティの笑わせどころはケンタロウさんと探りつつ、そんな相乗効果というかね。あともう一つは、今使っている撮影スタジオを見つけたことが、実は素晴らしい効果を生んでいると思う。あのオープンな感じが『男子ごはん』独特のカラーになってますよ。
そうやって1年経ってみて、太一くんには一度、ケンタロウさん抜きで、全部自分でやってみようよと言いたいですね。全部、自分だけで。意外とうまいものが、できるかもしれない。新たな発見をするかもしれない。かたや、ケンタロウさんには、料理をやってない人が「これ、作れちゃうんじゃない？」と思える料理をもっともっと開発してほしい。あと、ウチのスタッフ！お前らちゃんと家で作ってみろと言いたい！（笑）スタッフの中で、『男子ごはん』をまねしてきちんと作りましたって奴は、いないって俺は思ってるんだけどね。え？皆作ってるって言ってた？いやいや、やっちゃいないよ、絶対。でも、そう言うなら一つ、オリジナル料理を作ってこい！って（笑）。この番組から、オリジナルレシピ、どんどん出して行くぞ！って、それくらいの気概がないとね。

1. 山内浩嗣 HIROSHI YAMAUCHI

2. 構成作家
3. 46歳
4. 男性
5. そば・カレーライス・瓶詰めのウニ・
バウムクーヘン・みそラーメン

太一くんと初めてご一緒したお仕事は、たぶんカウントダウン番組です。秒読みのミスで1分前に風船が落ちるという素敵な年のカウントダウンです。おそらくその時にご挨拶をさせていただきました。
その後、ご縁があってTOKIOの番組、太一くん個人の番組を構成させていただくことになり、その流れで『男子ごはん』の企画書を依頼されました。
一生懸命書いたのですが、企画書と現在の番組はまるで別物です。最初のイメージでは、毎週ゲストが遊びにきて、畑があるオープンセットで、その庭には番組の案内役となる猫が住んでいて、その猫の目線でナレーションを語っていく…そんな番組を思い描いていました。
いったんはその企画書が通ったのですが、皆で具体的な内容を詰めていく中で、どんどんシンプル化していく方向になりました。
そして、番組の制作発表記者会見で初めて聞いた、太一くんとケンタロウさんのトーク。そのおもしろさを皆で確信した結果、「いけるところまでゲスト無しでいっちゃう？」みたいな軽いノリで現状のスタイルになりました。
企画書で残っているのは、『男子ごはん』というタイトルと、タイトルバックのナレーション「食べる天才・国分太一、作る天才・ケンタロウ」だけです。
それでよかったと思っています。

1. 中野貴文　TAKAFUMI NAKANO
2. ディレクター
3. 32歳
4. 男性
5. ハンバーグ・ラーメン

番組開始から1年。放送上、確実に使えない話（例えば下ネタ）になっても、一切手を抜かず、むしろ全力で楽しくトークしてくれる太一さん、ケンタロウさんの姿に、現場のスタッフ全員が和ませてもらっています（笑）。収録中、二人がカンペ（メッセージボード）を見ながら、スタッフに話しかける割合も、徐々に増えてきていますね。僕は、たとえオンエアできなくても、収録は楽しくやってもらいたいと思っているんです。その和んで盛り上がった感じは、たぶん、オンエア上に現れてくるだろうと。３０分の番組で実際は2時間くらい収録していますが、残りの1時間半が楽しいとオンエア上の３０分も楽しいんだろうと思うんです。３０分の番組は、ほぼ３０分で収録していると思ってもらえるように編集で気をつけていますが、そう見えつつ、使われていない部分のおもしろさをお伝えしたいんです。料理の手順ばかりだときっと飽きるだろうし、トークばかりでは見る気がしなくなっちゃうじゃないですか？
料理は料理できっちりと作って、トークのテンポはゆるく。この番組を見ると料理を作りたくなるってよく言ってもらえるのは、きっと楽しそうに作っているから。楽しく美味しく簡単に作れるんだ！って皆さんに感じてもらえるところが、この番組の大きなポイントだと思います。ちなみに、僕の家の料理は、これ嘘じゃなくて、毎日毎日、ケンタロウレシピです。ウチの嫁、料理が苦手だったんですけど、ケンタロウさんレシピを覚えて。まさに簡単に作れて美味しいですからね。
スタッフしか知らないことでいうと、棚の上に載せた３体のクマのフィギュアのポーズを毎回毎回、変えているんです。全部立っていたり、座っていたり、色々あるんです。その遊びをうまく生かせたのが、香港で買ってきたオモチャの戦車を、太一さんがここに置いた時ですね。たまたまうまく、３体とも手を上げていた回だったんです。置いた戦車に撃たれそうで、手を上げていることにしようとなって。以前から、気付かれそうにない、そんな遊びをしていなかったら生まれなかったネタですね。見ている方の中で、気付いた方がいるとありがたいですけど。絶対にいないと思います（笑）。

1. 舩越美希　MIKI FUNAKOSHI
2. アシスタント・ディレクター
3. 24歳
4. 女性
5. うどん

香港ロケの時、太一さんに「頑張っているし、元気があっていいと思う」と言っていただいたことがあります。ADのことまで見てくれていたんだなと思うと、すごくうれしくて。ロケはハードなことも多く不安でいっぱいだったのですが、その太一さんの言葉で全てが報われました！ケンタロウさんは、私が髪を切った時、ほかの誰も気付いてくれなかったのですが、「髪切ったの？」って言ってくれたことがあります。お二人ともスタッフのことまで気遣ってくださるので、ますます頑張ろうと思います。
私は学生時代からソフトボールをやっていたせいか、友達とも団体行動することが多く、たくさんの人が集まる収録現場の雰囲気って大好きなんですよね。よく「『男子ごはん』のスタッフは仲がいい」って言われますが、このチームは皆で助け合っていこうっていう気持ちが強いと思います。体育会系なのでこんな表現しかできませんが、ピッチャーの調子が悪かったらバッターが打って点を稼ごうとか、守備を強化して点を取られないようにカバーしていこう…とか。試合って、チーム全体でフォローして進めるものじゃないですか。皆で支え合って、同じ目標に向かっていく感じが“チーム男子ごはん”にはあると思います。
収録の前日は朝まで編集作業をしていることが多く、当日はほとんど寝ていない状態で現場に入ります。だから、ケンタロウさんの料理を試食できる瞬間は最高に幸せ。収録後、料理だけを改めて撮影するんですが、撮影が終わるとスタッフ皆でガッついて食べるんです。すぐになくなってしまうから、早めにタッパーに入れて持ち帰ることも。唯一、「ミルフィーユ豚カツ」は食べられず…その時はスネていました（笑）。
番組のレシピを参考に、自炊することもありますよ。一人暮らしなのでキッチンが狭く凝った料理は無理なのですが、豚のしょうが焼きは何回か作ってみました。これからも番組を参考に、もっと料理のレパートリーを増やしていきたいです！

1. 福永勇樹　YUKI FUKUNAGA
2. ディレクター
3. 30歳
4. 男性
5. ねぎと焼酎

2008年、春。『男子ごはん』の制作発表会見で、太一さんから「あれ、この番組担当するんだ！」と声をかけていただいた時は正直ビックリしました。実は僕、『Ｒ３０』という番組でも太一さんにお世話になっていたんですけど、当時はＡＤという立場。再会は１年ぶりぐらいでしたし、僕のことまで覚えていてくれるなんて正直思っていなかったんです。さすがだな、いつも収録現場のスタッフ全体を見てくれているんだな、って感激しました。太一さんは普段も熱い人なんですけど、お酒が入った時はさらに熱くなります。一度、『男子ごはん』のディレクター三人を集めて「掛水（『男子ごはん』演出）を超えろ！」と叱咤激励されたことがあって。太一さんは翌日には忘れていたかもしれませんが（笑）、その時の熱弁は印象に残っていますね。
ケンタロウさんのすごいところは、料理はもちろんですが、センスのよさ。この番組をきっかけに、今までほとんど興味のなかった料理の世界を知ることができたのは、僕にとって財産になりました。自分が収録を担当するメニューは、収録前に実際に作ってみることにしています。そうすると、視聴者の目線でどこが調理する上でのポイントなのかが、リアルに分かりますからね。「カニ豚チゲ」の時は、自分で作ったらカニの殻が、煮ているうちに砕けて粉々になってしまった。あれは、焼きすぎるとダメなんですよね。ケンタロウさんは、僕みたいに料理をほとんどやらない人の戸惑いや不安までは、なかなか分からないと思うので、試作した際に疑問点があった場合は必ずケンタロウさんに質問するんです。そうすると、たとえ夜中でも丁寧に答えてくれる。時には、番組とは直接関係のない料理についてまで、アドバイスしてくれることもあります。親身になって番組作りに力を貸してくださるので、本当にありがたいと思っています。

1. 樋地秀雄　HIDEO HIJI
2. カメラマン
3. 43歳
4. 男性
5. 茶碗蒸し・サバ塩・納豆

香港ロケに行った時、技術スタッフの一人が大遅刻。飛行機にも乗れず、現地で途中合流したことがありました。当事者は、皆に迷惑をかけたことを悔やみ、ロケ後の食事でも落ち込んでいて…。太一さんはそのスタッフに、「気にするなよ」と声をかけてビールを注いでくれた。そのやさしさに本当に感謝しました。
この番組はあるハウススタジオで収録しているんですが、本当に普通に「ピンポ～ン♪」と鳴って、お客さんが突然やって来る。もちろん、収録は一時中断しなくてはならないのですが、そんな時でもイライラせずに当たり前のように進行するこのチームのスタンスが好きですね。
夏にチゲを作った時のことも忘れられません。電気を使用するとブレーカーが落ちてしまうのでクーラーをつけることもできず、皆で汗だくになり、後悔しながら撮影していました。
こんなふうに楽しい思い出がたくさんある『男子ごはん』ですが、出演者とスタッフの距離が近くて楽しいところが好きです。やはり太一さんの力が大きいと思うんですが、番組の空気とか雰囲気をすごく大切にしているんですよね。スタッフへの心配りもそうだし、太一さんほどテレビに慣れていないケンタロウさんをさり気なく引っ張っているな、というのをカメラ越しでいつも感じています。もし、収録現場がギスギスした雰囲気だったら、それはそのまま視聴者の方に伝わってしまうだろうし、『男子ごはん』らしくない。だからこそ先頭に立っている太一さんがリードしてくれていて、すごくいいチームができあがっているんだと思います。いつの間にか、皆で短パンを履くようになったり…。私は太一さんに触発されて家庭菜園にも挑戦してみたのですが、不精だからちゃんと育てられたのは最初のかいわれ大根だけ（笑）。申し訳ないのですが、今は何も育てていません。

1. 伊達和輝　YASUTERU DATE
2. ディレクター
3. 31歳
4. 男性
5. エビマヨ・博多ラーメン・ハヤシライス（注文多し）

休憩中はもちろん収録中でさえ（笑）、太一さん、ケンタロウさんは、よくスタッフに話しかけてくれます。ケンタロウさんは僕らと禁煙を誓い合ったり、太一さんはスタッフそれぞれにアダ名を付けたりして。中野ディレクターは「ベア」。熊のイラストの付いた真っ黄色のＴシャツを着ていたから。僕は、バンド名の「ゆらゆら帝国」。髪の毛が長く、顔もすごく痩せていて、ヴォーカルの方にそっくりだからだそうです。そんなふうに収録の場を和ませながら、出演者とスタッフの間に壁をなくし、皆が一つのチームとして番組作りができる環境を作ろうとしてくれているんだと思います。二人のその気持ちが、僕らスタッフにとっては、とてもうれしいんです。
番組で紹介するレシピ案やトークのネタも、二人から積極的に提案してくれます。太一さんは、収録日の前夜、オープニングのトークがさらにおもしろくなるようにと、自分が作った「ローストチキンの写真を出そうよ」と提案してくれました。ケンタロウさんも、昼間の打ち合わせのあと、夜になってから「ケンタロウズポイントを追加しよう」、「打ち合わせで伝え切れなかったらもう少し説明するよ」と、わざわざ連絡をくれたこともあります。
でも、ただ仲がいいだけではないんですね。ケンタロウさんは、親しき仲にも、譲らない自分を持っている強い人だと思います。“自分の料理は、こうなんだ”という信念やスタイルがあるんだと思うんです。だから違う時は違うと、はっきり言ってくれます。太一さんは、常に三歩も四歩も先を読んでいる人だと思います。その上で、ディレクター１年目の僕に、「なんかない？」と逆に聞いてくれて、「こうしたいです」という僕の意見に対して、真剣に、「それは違うと思う。だったらこうした方がいいんじゃない？」と、指摘してくれます。そういうやりとりがあるたびに、二人とも本当にこの番組を大切に思ってくれているんだと実感しますし、自分もその真剣な気持ちに負けないように、頑張らなきゃと思っていますね。

1. 安藤雄郎　TAKEO ANDO
2. 照明
3. 39歳
4. 男性
5. カレーライス

太一くんは食べる姿が美しく、本当に美味しそうに食べる。最初はあまり料理ができないと聞いていたんですけど、包丁の使い方が丁寧で驚きました。ケンタロウさんは、ざっくり料理を作る感じがいいですね。そんな二人のコンビネーションは最高だと思うし、まさに『男子ごはん』っていう雰囲気がいいですよね。
この番組のすごいところは、出演者とスタッフの仲がよく、とにかく収録現場が楽しいところ。この感覚って、番組を１年やっていく中で次第に培われてきたというよりも、収録１回目から意識しなくてもできあがっていたものなんです。照明チームとして心がけているのは、日曜の午前中の番組だし、ナチュラルなライティング、ふつうの家のやわらかい感じを出したいということです。
個人的にも料理が趣味なので、台本を持って帰って実際に作ることも。鶏肉と豆乳のカレー、あとは餃子にも挑戦しました。ケンタロウさんのレシピは簡単で、それほど細かくないところがいいんですよ。でも、最終的な仕上げの段階で美味しくなるように、シンプルなんだけどすごく計算されている気がする。そこが、男も料理したくなるポイントじゃないかな。僕の妻も子供も料理が好きで、一緒にごはんを食べる瞬間が最高に幸せですね。

KENTARO RECOMMEND

ケンタロウ オススメグッズ

番組でも実際に使っている、ケンタロウ愛用のキッチングッズたち。
手に程よくなじんで、頑丈で、とにかく“働き者”の調理器具から、
ほんの少し加えるだけでたちどころに美味しさが増す、魔法の調味料。
そして、どんな料理でも受け止めてくれる、度量の広い食器まで——。
それぞれの魅力を、ケンタロウ自ら愛情たっぷりに解説します！

ケンタロウ
オススメ
グッズ

お玉を持ってない人はそんなにいないだろうけ

1

2

3

4

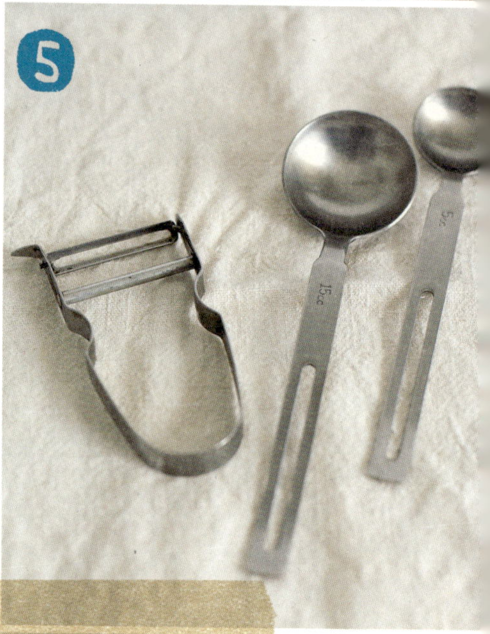

5

6

ど、網じゃくし普及率はどのぐらいだろう。

1

へら／しゃもじ／菜箸

この中で圧倒的にいちばん使うのは菜箸です。外国の人はいったい何を使って料理してるんだろうと不思議になるぐらい、調理の始めにまず手に取ります。次いで木べらですね。炒め物など、具が多くなったら木べらに限ります。ゴムべら（左端）はあると何かと便利です。ボウルの中身を残さず移す時などはもちろん、くずしたくないものを混ぜる時にも、当たりがやわらかいのでいいです。スコップ形が使いやすいと思います。

2

レンゲ

レンゲは調理道具ではなくて食べる時の道具ですが、食卓で使う頻度よりも調理中に使う頻度の方が高いです。仕事では１日必ず何回も使います。何に使うかというと、味見です。特に汁気のあるもの。陶器のレンゲは熱くなりにくいので、味見にぴったりなのです。金属のスプーンだとスプーン自体がアチアチになって味もよく分かりません。ちゃんと小皿に取って味見する人にはあんまり意味ない話だけど。

3

マッシャー／泡立て器

絶対に必要という道具ではないけれど、これがないと作れないという局面が訪れることもあります。マッシャーはその名の通りマッシュ（つぶす）する道具。泡立て器もやっぱり名前通り泡立てるための道具です。お菓子作り以外にも何かをよーく混ぜたい時には泡立て器ですよ。オムレツの卵とか。何個もいらないけど何個も買いたくなる道具だな。マッシャーはまあまずはマッシュポテト。当たり前か。マッシャーは１個でいい。

4

お玉／網じゃくし

お玉を持ってない人はそんなにいないだろうけれど、網じゃくし普及率はどのぐらいだろう。お玉並みに普及しててほしい道具だなあ。箸ではつかみにくい揚げ物を取り出す時にはこれなしでどうやったらいいのか、って感じです。だしのかつおぶしをすくうのも、これなしではつらい。あと同じお湯で次々違うものを茹でる時も、１個ずつ箸で出すのは大変なので、やっぱり網じゃくしの出番なのです。

5

ピーラー（皮むき器）／計量スプーン

なんでピーラーと計量スプーンが同じくくりなのかと聞かれると困ります。えー、並べて写真撮ったらおさまりが良かったというだけでして。素材も一緒だしさ。ピーラーは今や欠かせない道具になったよなあ。じゃがいも、大根、にんじん、リンゴだってピーラーでむきます。計量スプーンはテレビや本を見て料理する時には絶対に必要ですね。料理界は大さじ・小さじの表記で統一されてますからね。

6

カトラリー

これは好みがあるので、こういうのが使いやすいとか一概には言えません。食器やテーブルや内装など暮らしぶりによって大きく変わりますね。ぼくは「カイボイスン」というところのをずーっと使ってます。ヘアライン仕上げ（表面がツルツルじゃない）なので、指紋なども気にならないし、カジュアルだけどどこか上品なフォルムが最高。特にスプーンの形は最高に最高に最高に好きです。盛り付けの時にソースをかけたりするのもこのスプーンがいちばん使いやすい。

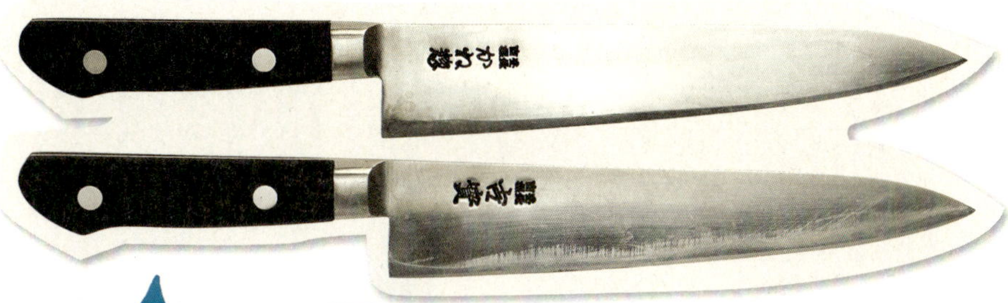

包丁
かね惣と吉實を愛用。包丁もそれぞれ好みがあると思うので、何が良いとは言い切れませんが、まずとにかくちゃんと切れる包丁を使うことだけは大切なことだと思います。切れる包丁が結局は安全ってことです。

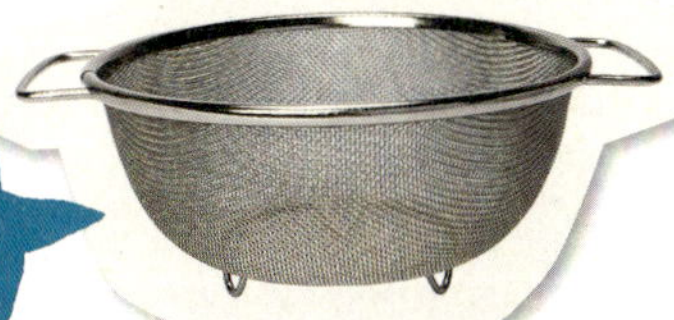

ザル
いろんな素材、形、大きさがありますが、まず、素材は金属（ステンレス）が好きです。形は足つき！流しにそのまま置けるわけです。なんで足なしもあるんだろ？とさえ思います。大きさは大・中２種類ぐらいはほしいとこです。

まな板
桐のまな板愛用。そう、あの、嫁入り道具のタンスの桐です。桐は軽くて乾燥が早くて使いやすい。やわらかそうに見えるけど、どんどん削れちゃうってことも全くありません。どっしりした重いまな板もそれはそれで好きです。

水切り器
洗った野菜の水気を飛ばしてしゃっきりさせるための道具です。なくても良さそうなんだけど、使い始めたら水切り器なしのサラダなんて考えられなくなる。そういう道具です。

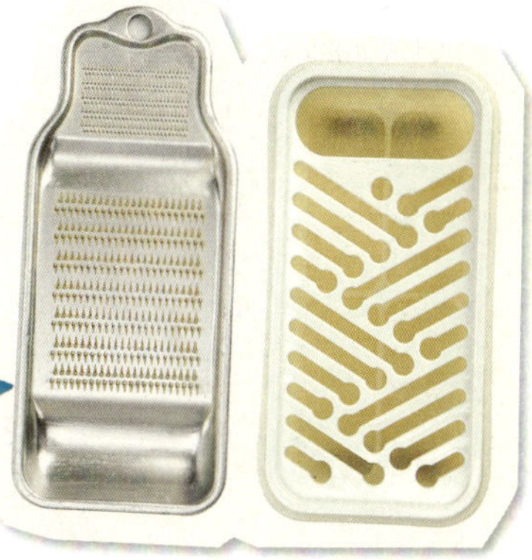

おろし器
受け皿がついているやつとついていないやつ両方使用。大根は受け皿ついてるやつで、にんにくしょうがはついてないやつで。あ、ちなみに塊のチーズもおろし器で普通に削れます。専用のチーズおろしなんかいらない。

鬼おろし
名前がいいよなあ。鬼おろし。名前に負けないごつい大根おろしができます。おろしというより、もはや細かい角切りのような。歯応えが残ってうまいのです。焼いたサンマや厚揚げに最高。

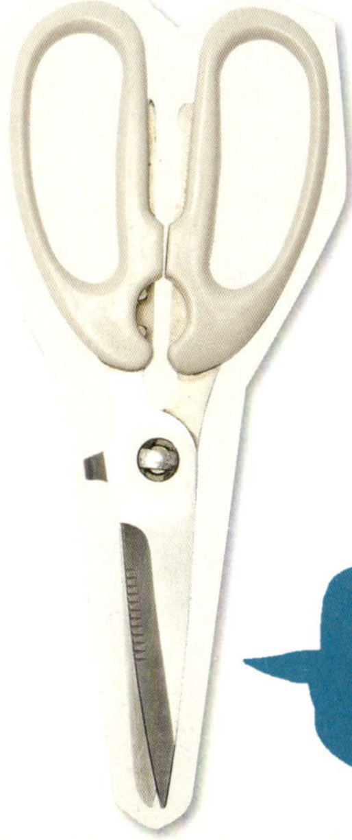

キッチンばさみ
鶏肉の脂身（あの黄色いやつ）を取るのにははさみが最高です。皮と身の間に包丁入れて削り取るのは大変なんだ。他にはキムチを切ったりカニを切ったり。袋を開けたりもね。

ケンタロウ オススメ グッズ

ふきんは常に大量に。ふきんが大量にあるだけで

鍋（ル・クルーゼ）
いちばんシンプルな丸い鍋と楕円の鍋を使っています。道具として全幅の信頼をおいてます。調理のしやすさ、仕上がり、洗いやすさ、どこも良い。その上、デザインも色も良い。素晴らしい。

フライパン
シンプルで頼りがいのあるフライパン。これは樹脂加工だからくっつかない。これの他に家では鉄のフライパンを使ってます。樹脂加工は樹脂加工の、鉄は鉄の良さがあるので、どっちが良いとは言えないな。

片手鍋
子供のころ、実家でこれと同じ鍋を使っていて、大人になって自分も買った鍋です。けれどこの鍋自体は残念ながら今は生産していません。これ以上ないシンプルなデザインが最高なんです。

ふきん
ふきんは常に大量に。ふきんが大量にあるだけでうれしい。おれだけかな。素材は麻で、丈夫だけれど厚すぎない物を使ってます。事務所で使ってるのと同じ物を番組でも使ってます。

弁当箱2
弁当箱を１と２に分けてまで説明する必要はほんとうはありません。でもね、なんか可愛らしい弁当箱が多い世の中で、この無骨な２個がバーンて出てるのいいかな、とね。こっちはフタの裏側に箸を収納できるんですぜ。

弁当箱1
ザ・弁当箱、といえる、ど定番のこのカタチ。定番は永遠なのです。この現物ではないけれど、実際に学生の時にこの弁当箱を使っていた時期がありました。ごはんはぎっちり詰めたいです。

うれしい。おれだけかな。

計量カップ
パイレックス製の耐熱ガラスの計量カップを愛用。まず何より、丈夫って素晴らしい。厚みもいい。安心して使えます。あ、アメリカの計量カップは1カップが200mlではないので、そこだけ注意が必要です。

麺棒
絶対必要なものではありません。ええ。ただね、あると何かと使います。何か生地的なものをのばすのが本業ですが、いちばん使うのは、実はきゅうりやセロリをたたく時です。たたくと食感がやわらかくなって味の染みが良くなります。

マグカップ
主にアメリカの'50〜'70年代の耐熱ガラスのマグカップ。ケンタロウ事務所公式マグです。形やプリントが違っても統一感があって丈夫なところが最高。丈夫、というのは大事なのです。

染め付け（印判）の皿
印判（型で絵をつける方法）の食器がとにかく好きです。一点物じゃなくて当時の量産品、というところに惹かれるのです。和食、中華以外に洋食にも良く合います。気に入ったのに出合ったら即買います。

コーレーグース
沖縄の唐辛子を泡盛に漬け込んだもので、沖縄のそば屋さんや定食屋さんには各テーブルに必ず置いてあります。これなしで沖縄そばは考えられない。炒め物にもよくかけます。独特の風味がものすごく好きです。

ペッパーミル
デザインはまあまあだけど、ものすごく使いやすくて買い占めたペッパーミル。片手で使えるのがまずうれしい。その上粗さが調節できるんです。でもこの型は生産中止に。

オイスターソース
番組準レギュラーの座をモノにしたオイスターソース。ぼくの料理に欠かせません。キャッチーでごはんがすすむ味になります。香港で買ったオイスターソースも美味しかったなあ。

山椒佃煮
いろんな調味料を押しのけてなんでおれがここに？って山椒佃煮本人がいちばん思ってるだろうな。どうよ山椒、このスポットライトぶり。これがないと出せない味があって、ちらし寿司や煮物に使います。でもほんとなんで山椒にしたんだっけな。

石垣島ラー油
ここに出ている他の調味料は、特に「ここの」という指定はないけれど、石垣島ラー油だけは銘柄厳密指定です。入荷即完売だけど、ほんっとうまい。ほんっとに好き。

花椒
中国の山椒で、ホァジャォと言われたりしますが、正確な発音は分かりません。大きなスーパーに行けば売っています。これを入れた麻婆豆腐は最っ高にうまい。しびれる辛さです。

どこにもない自然体の料理番組を作りたかった。（太一）

太一×ケンタロウ スペ

TAICHI X KENTARO SPECIAL TALK

カメラがあるのに、普段通りにしゃべっちゃう。(ケンタロウ)

シャル対談

国分太一とケンタロウの出会いは、'07年に出版された太一初の著書『タヒチタイッチのリゾート気分で』(通称『タヒチ本』)だった。「太一が会いたい人に会い、作りたいものを作る」というコンセプトのこの本で、太一はかねてから興味のあった料理家ケンタロウと一緒に料理が作りたいと提案する。それは、太一が大好きな家具店のカタログにケンタロウが写っていたり、書店で装丁に惹かれて手に取った本がケンタロウの料理本で、その中の小物類のセレクトやテーブルセッティングのセンスが、自分のツボと同じだと感じていたからだったという。『タヒチ本』の撮影は、初対面なのが信じられない和気あいあいとした空気感の中で進み、現場にいた人は誰もが「こんなに楽しい空気を生み出せる二人の組み合わせが、一度だけの仕事で終わるのはもったいない」と思った。

そして'08年４月、二人は再びキッチンに立ち、一緒に料理を作ることになった。今度はテレビという媒体で。見る人、聞く人を幸せな気持ちにする国民的アイドル・国分太一と、作る人、食べる人を幸せな気持ちにする人気料理研究家・ケンタロウ。３０代半ば、酸いも甘いも知った上で少年気分を色濃く残す二人がスタートさせた『太一×ケンタロウ　男子ごはん』（テレビ東京系）は、ほどほどの脱力具合と、とびきり美味しくて手軽な料理で、おとなの休日を癒やし、元気を注入する定番の番組になった。その表と裏を、二人がとことん語る。

全ては、ムチャぶり（？）な『タヒチ本』から始まった。

太：ケンタロウさんにずっと聞きたかったことがあるんですよ。この番組って、僕とスタッフさんが内容とかを色々詰めて、ほとんど「よし、これでいこう！」というところまで練り上げて、そこで初めてケンタロウさんにオファーを出したんですね。その過程で僕らずっと、ケンタロウさんは「NO」と言わない、という前提で話をしてたんです。完全に一方的に（笑）。だから「YES」と言ってもらえて本当によかったんだけど、もしかして、どこかで「NO」という気持ちもあったんですか？

ケ：それはないですね。

太：よかったぁ、安心したぁ！

ケ：ただね、俺はテレビのレギュラーの仕事はあんまり入れたくなかったんです。こんなこと、偉そうに言っていいのか分からないですけど。

太：そうなんですか？　でも雑誌の連載も、毎週とか毎月とか定期的じゃないですか。

ケ：雑誌だと流動的にスケジュールを決められるんですよ。1ヵ月の中で2号分撮っちゃいましょうとか。でもテレビは関わってる人が多いから「絶対にこの日！」となるじゃないですか。スタジオの規模から何から大きくて、フットワーク軽くいかないことも色々あるし。そういう思いはあったんですけど『タヒチ本』の取材の時、かなりおもしろかったじゃないですか。

太：じゃあ『男子ごはん』は、『タヒチ本』がなかったらやってなかった？

ケ：あれがあるからこそ！　…と言いつつ、（『タヒチ本』がなくても）たぶん好奇心で受けてたと思いますね（笑）。

太：なんだよ（笑）！　『タヒチ本』はね、今だから言いますけど、色んな料理家の方の名前が挙がってたんですよ。でも「ケンタロウさんにしよう」と僕が言い出して、OKもらえるかどうかも分からないのに、企画をどんどん進めちゃって。スタッフさんも打ち合わせするうち、「もう断られないだろう」ぐらいの空気になっていったんですよ。「大丈夫だよ、あの人だったら」って“あの人”扱い。誰も1回も会ったことないのに（笑）。

ケ：（笑）。あれも相当なムチャぶりだったけどね、オーダーが。

太：でしたねー。一緒に「タヒチ風チゲ」を作りたいと。

ケ：何を言ってるんだろうと。「オリジナルのチゲを作りたいんです。ただ、本全体はタヒチをイメージしていて、チゲもタヒチ風でいきたいんですけど、可能ですか？」…可能じゃねぇよ（笑）！　誰もタヒチ、行ったこともない。

太：ココナッツミルクを入れたんですよね。

ケ：そうそう。

太：タヒチの名産品なんですって。

ケ：そうなの？　今、知った（笑）。でも、タヒチがどこかも分かってない。

太：よく受けてもらえたなー。なんで受けてくれたんですか？

ケ：企画自体のおもしろさもありましたけど、ミーハーな好奇心もありました。ジャニーズ事務所ってどんなだろう？　やっぱり途中で「事務所的にそれはちょっと…」みたいなチェックが入るのかな？　スタッフさんは何人ぐらい来るのかな？　そういう興味ですよね。

太：ジャニーズ事務所の力って大きいなぁ。で、来たのが僕とマネージャー一人だけだったでしょ？

ケ：いつ（スタッフが）増えるのかな、と思ってた（笑）。でも何より、国分太一をナマで見てみたかったのが大きかったかな。ウチの事務所のスタッフも、企画の内容以前に「受けますよね？」という空気を発していましたね。俺が「やる」と言えば、皆がナマ

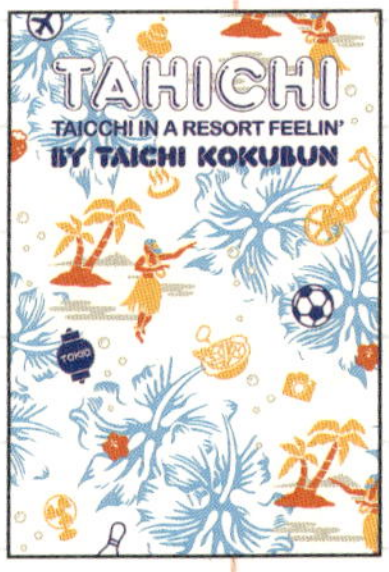

『タヒチ　タイッチのリゾート気分で』
著者：国分太一　発行：M.Co.

国分太一がジャニーズ事務所公式携帯サイトJohnny's webで毎日更新中の連載『タヒチ』を書籍化。'03年6月にスタートした約4年分のブログ・傑作選に加え、デザイングループgroovisionsとコラボグッズ制作、井ノ原快彦との対談、写真家・梅佳代さんとの下町撮影散歩、ロングインタビュー“in 熱海”など太一プロデュースの企画満載。'07年9月1日刊行。

国分太一を見られるわけじゃないですか。

太：(笑)。結構ミーハーってことですね、ケンタロウ事務所は。

ケ：で、やったらすごく楽しかった。それでテレビもやらせてもらってもいいかなと決めたんです。

太：あのノリをベースにした料理番組を作りたい、普通の料理番組にはしたくない、ということは、オファーの段階でお伝えしていましたからね。

ケ：そうそう、自由度が高そうだなって。でも予想以上でした。始まってビックリした、あまりにも自由で。

太：編集の自由度がすごい（笑）。僕もオンエアを見て驚きますもん。「ここ使うか!?」って。

ケ：収録現場からしてすごいでしょ。やっぱりテレビだし、大勢の人がスタジオにいるじゃないですか。でも、収録が進んで流し台が洗い物でてんこ盛りになってても、誰も気にしない。一人くらい（カメラに映らないように）入ってきて片付けても、全然いいわけじゃないですか。全て僕らに任せっぱなし（笑）。

太：この番組ぐらいスタッフさんが自由なのも珍しいですよね。

ケ：太一くんがボウルを洗って、それをもう１回使ってる（笑）。トークタイム用のビールや果実酒も最初から最後まで全部僕らが作ってるじゃないですか。二人でビールを瓶に詰め替えてて、気が付いたらカメラはもう止まってて「あれ？　二人だけでやってる理由がないよね？」。それで僕らから「皆もやる？」と問いかけて（笑）。

太：こっち見て皆でニコニコしてるけど「ここ、手伝うところじゃないの？」みたいな。普通に「ハハ～」とか笑ってるけど「カメラ止まってんだから、一緒に渋柿の皮、むこうよ！」って思うよね（笑）。

ケ：このままじゃ（時間が）足りなくなっちゃうなーっていう空気になってくると、自分たちにも影響が出てくるじゃないですか、スタッフ陣も。帰りが遅くなるとか、スタジオを借りてる時間とか。そうすると急に「じゃあこれちょっと、パーッとやっちゃいます？」って。まるで俺たちがダラダラやってたみたいじゃん！　俺たちは精いっぱいやってたよ（笑）！　だって実際にはオンエアの４倍近い時間、カメラを回してますからね。

太：ひどいですよねー。でも、おもしろいですよねー。

ケ：そう！　悔しいけどハマッちゃうの。流し台のこととか「さすがにひどいな、言おうかな」と思うんだけど、「さすがにひどい」と言いたくなる番組って他にはないからいいかって、かえって思っちゃう。

太：僕もケンタロウさんもまだ現場で怒ったことないですよね。でも、人によっては怒るポイント、たくさんありますよね（笑）。

ケ：俺は収録２日前に「予定してる三色そぼろ、五色にしてもらえませんか？」と言われた時は、「いかにもテレビ的な発想だね」ってちょっと怒ったけど（笑）。

太：トーク番組をやる時、僕はあえて（オンエアでは）使えない話をして、ゲストの気持ちをほぐしたいとか、その場の空気をあったかくしたいという気持ちがあるんですよ。それはちゃんと自分の中で「これはオンエア向けっぽいトーク」「これは今ここにいる人が楽しければいいですよトーク」という色分けをしてる。たぶんそれは、なんとなく分かってくれてると思うんです。なのに『男子ごはん』のディレクターは後者を使いますからね。「おいおい！」みたいな（笑）。

ケ：ほんと、そこはスレッスレだよね（笑）。

太：普通あるはずの境界線がない。本番中にスタッフさんが、当たり前みたいに話しかけてきたりするでしょ。普通だったらカンペに「××です」と書いてこっちに伝えるところを、口で言ってますからね。

ケ：あるある、「大丈夫でしたー」とか（笑）。

太：でもそういうのは『男子ごはん』ならではのアットホームな空気につながっているのかな、と思うんです。それがオンエアに乗るのが正解か不正解かは、よく分からないですけど（笑）。少なからず、皆が楽しく現場に来て、楽しく仕事してくれてるみたいだな、という感じはしてます。僕もケンタロウさんもそうだし、照明さんにしても音声さんにしてもカメラさんにしても。

料理番組なのに、1回目からギターを紹介。

ケ：この間、友達に言われてあらためて気付いたんですよ。「（番組収録は）何十人も人がいるところでやってるんだよね？」と言われて、それ、忘れてるなって。カメラの向こうに３０人くらいはいるし、カメラが何台も向けられている。なのにそれを意識しないで、普段と同じ感覚でしゃべっているんですよ。普通、考えられないでしょ？　そこまで気がゆるむことは。放送できないようなくだらない話も、悪ノリとかじゃなく自然に話してる（笑）。これは一体、何なのかと思いますね。

太：同じようなことだと思うんですけど、僕がちょっと苦労してるのは、打ち合わせと本番の差なんですよ。打ち合わせをしてると、どんどんケンタロウさんに聞きたいことが出てくるし、休憩時間とかも色々話したくなっちゃう。でもあとから「これ、本番で話せばよかったな」と思ったことが何度もあるんです。だからなるべく本番以外では話さないようにしてますね。

ケ：こっちも普通に答えちゃいますからね。「この前、○○食べて」、「へー、そうなんだー」、それが結構、盛り上がっておもしろい話になっていくんだよ

3

ね。最近は、朝、挨拶したら本番まで、必要最低限しか顔合わせませんよね。たまにしかスタジオに来ない人は「あの二人、カメラの前以外では話さないんだ。仲がいいのはオンエア上だけなんだな」と思うかもしれない。

太：言われてるかも（笑）。ちょっとくらいはもう広まってるかも？

ケ：それぐらい、お互いに意識している部分はあるかもね。

太：僕ね、『男子ごはん』を始める前、料理番組をいっぱい見たんですよ。今、放送されているのはどんな感じの内容なんだろうと思って。色々分かりましたね、『３分クッキング』って３分じゃないんだ、とか。

ケ：３分じゃないね（笑）。

太：ちらし寿司か何か作ってるのにＢＧＭがジャズの番組があったり。あらためて、どれも色んな工夫をして作られているんだなぁと思って。ただ、タレントさんがやってる料理番組って、わりとちゃんと料理の話をしているんですよね。

ケ：ただ作るだけにしても、何か（出演者が家族などの）芝居っぽい設定があって進めるにしても、料理はきちんとしているよね。

太：そうじゃない空気は出したかったんですよ。「自然体の料理番組がやりたいね、でも自然体を自然体のままテレビでやるのは難しい。それをどうするかがテーマだね」という話はスタッフさんとしていて。で、今みたいな空気になったわけですけど、結果としては出せてるんじゃないか、と思うんです。

ケ：出せてるでしょう。僕が参加してからも「（料理番組への）固定観念は置いて、二人だけでやろう」という話はしましたよね。

太：スタッフさんの人数もできるだけ少なくして…。

ケ：本当に、どっちかがどっちかの家に遊びに来て、二人で料理してる感じにしたいって。

太：だから「これは（収録場所は局の）スタジオじゃないだろう」という話をして、どこか家みたいな場所がないかなって、やっとあそこが見つかったんですけど。

ケ：その結果として、やっぱり他にはない料理番組になっていますよ。

太：１回目、ギターの紹介してましたからね、料理番組なのに（笑）。「このギターが気になるんですよ」って。

ケ：なのにオンエア時間は秒殺だった。肝心のアンプがなかったし（笑）。

太：そんな流れがあったから逆に、一番最初にケンタロウさんに会った時の空気も、今オンエアで流れてる空気も、ほとんど変わってないと思う。

ケ：そうそう。確かに１年前より深くなってる部分はあるけど、意外と太一くんとの距離感は変わってない。『タヒチ本』の時にあった“初めて会ったんじゃないみたいな楽しさ”が続いてるんだよね。「カメラの前でこんなこと言っちゃった」という部分も最初からあったし、下ネタとか毒舌とか、わりとコンスタントな量で出せてる。そこありき、というところもあるし（笑）。

太：スタッフさんも、僕らが新鮮でいられる工夫をしてくれてますよね。クリスマス、アメリカではターキーを食べるけど、他の国では何を食べるのかとか、きのこを使う料理の回では、色んな種類のきのこを探してくれたりとか。そういう情報を調べて僕らに「こんなのありましたよ」と教えてくれるのは、すごく楽しみだし、いいチームになってるんじゃないかな。

ケ：俺ね、番組が始まってから、太一くんの仕事に対する姿勢に感動したんだよ。この番組自体は、あくまでもユルく自然体でやってると思うんだけど、太一くんのテレビに対する姿勢のプロっぽさね。

太：え、プロっぽいことしてます？　例えば？

ケ：（料理を）作ってる過程やできた料理

の見せ方でも「こうした方がいいんじゃないか」という意見がすごく的確だし。スタッフとの普通の会話の中で「あそこは要らないんじゃないか」とか「こういうのはどうか」とか、当たり前に言うじゃない？　俺、タレントさんてもっと素材に徹して、言われたことだけをすると思ってたから、そういう（積極的な）参加の仕方にまず驚いたんだよね。俺の場合、テレビで自分の番組を持つことはそんなになくて、番組の中のある部分に関して依頼されることが多いの。そうすると、自分にできるかできないかを判断して参加するわけ。「合わないからやらない」とか。でも太一くんは、もっと根本のところから関わってる。

太：楽しいんですよね、自分も参加する方が。何でもそうだけど、何か作ってる時って楽しいじゃないですか。

ケ：結局、物作りってことなんだろうな。俺は目に見える物が多いんだよ、料理とか絵を描くとか。でもテレビ番組って、言うなれば形のない物を作ってるんだなって感じはしてる。

太：その目に見える物をちゃんと作るってことが、ケンタロウさんはすごいんですよ！　びっくりしたのが、ほら、夏野菜の天丼の時に僕のムチャぶりにすぐ応えたじゃないですか。「余った部分で何か作れないですか？」って突然言ったのに、ササッと作ってくれて。

ケ：カブの葉っぱね。カブの白いところを使う料理だったんだけど、俺が「余った葉は色々使えますね」と言って脇に置いたら、「じゃあ実際に作ってみてください」って。「できるもんならやってみろ」的な（笑）。

太：「スパイスは用意しました」って、すげぇ辛そうなデスソースとか。

ケ：完全に“ケンタロウつぶし”だよね（笑）。

太：そんなムチャぶりですらうまいものを作るんだから、すごいですよ。しかもフライパン一つで、皆の家にあるような食材で、どこのスーパーにも売ってる物で、というこだわりとプライドはすごい。それはテレビで見てる人にとってすごくうれしいことだと思いますよ。「作ってみよう」と思ってくれるんじゃないかな。

ケ：それは何よりうれしいけど、でもやっぱりテレビは自分にとって、アウェーのままでいいのかな、とは思ってる。

太：まぁ僕も、料理に関してはいつまで経ってもアウェーですけど。

ケ：太一くんは最初から筋がよかったよ。その分、番組スタートの時から格段に上達したってことはないけど（笑）。いい意味で、毎回新鮮。

太：ほんと、物忘れが多いんですよね、僕。

ケ：でも番組を見てる人も同じですよ、きっと。「確かこの前も言ったぞ、このポイントは」という意味を込めて「そうですね、いつもそこは気を付けてますよね」と言っているんだけど、太一くん、そのたびに「ええっ!?」みたいな（笑）。でもきっと視聴者の皆さんも忘れてたり、見てなかった回もあるだろうから、それでいいかなと。

太：いやぁ、申し訳ない（笑）。でもね、これ、男同士だからまだいいですよ。相手が女性だったら、たまったもんじゃないと思いますよ。僕、女の子に誕生日と違う日にプレゼント渡したことありますから。すげーキレられますよね。

ケ：色んな記念日をよく覚えてる女の子、いるよねー。

太：ここではっきり言っておきたいんですけど——なんでこんなに熱くなってるのかよく分かんないですけど——、右脳と左脳を繋げる脳梁《のうりょう》っていうのが、女性と男性では太さが違うんですって。脳梁は情報を流し込む器官なんですけど、男性は女性に比べてそれが細くて記憶力が薄いの。だから記念日を忘れるのはそのせいです！

ケ：それでかぁ…。じゃ、しょうがないな。俺の頑張りとか及ばないわ、うん、しょうがない！

太：そう！　誕生日を忘れるくらいですからね、同じ料理のコツに対して、また同じリアクションをするっていうのもね、仕方ないことなんです。

電源の準備なし。伝説のパン焼き器事件とは？

ケ：逆に俺が絶対に忘れられないのが、パン焼き器事件！

太：あれね！　あれは、さすがの僕も覚えてますよぉ。

ケ：衝撃的だった。ホームベーカリーでパンを焼くことになって、パン焼き器を用意してくれたところまではいいんだけど、収録中にスイッチを入れてもウンともスンとも言わない。おかしいと思って下を見たら、コードがぶら〜んと垂れてて。しかも、それを受け止めるべきもの（コンセント類）が何もなかったんだよね。「延長コードがいるよ」と言ったら、照明用のドラムコードか何かが出てきて「あ、パン焼き器だけ持ってきて、本当に電源を用意してなかったんだ」と愕然としたんだよね。どう考えても必要な物だよ？　だって、料理番組だったらまず１回スイッチ入れて確認するよ？　でなくても、置く場所はここでいいか、他の機材のコードが邪魔にならないかとか考えるでしょ。たぶん（普通だったら収録が始まる段階で）延長コードを床にテープで貼ってますよ。

太：そこなんですよ、普通の料理人やタレントさんがキレるポイントは（笑）。なのにこの番組の現場では、それすらもおもしろい（笑）。

ケ：あれは最っ高だった（笑）。番組がスタートしてから確かまだ１０回も経ってない、まだまだ緊張感があるべき時ですよ。

太：それ系で言ったら、すごい地味だけど僕にもあります！　えのきを使ってたんだけど、指に１本くっついて、それを流しに向けて払ったら、偶然、シンクに立ったんですよ。で、えのきがもともとそこに生えてて成長してるように見えた。気付いて、おもしろいなとは思ったけど、まぁ、くだらないことですよ。だから僕の中で、これは本番中に言うべきことか黙っておくべきことか葛藤がありつつも、一応言ったんすよ。「見てください、あそこ、えのきが立ってますよ」って。そしたら、まんまオンエアしてた。

ケ：小学生並みのコメントだよ（笑）。コメントというか、感想。どう考えても公共の電波に乗せるべきものじゃない（笑）。

太：見てて、絶対に笑ってない人いますよね。「え？　料理番組でしょう？　えのきがシンクにくっついて、それが成長する？　どうでもいいじゃない！」って人もいると思う。むしろそっちの方が多いかもしれない。それを放送されたという…いい思い出です。

ケ：そう。パンの時も収録がすっごく長くかかったんですよ。そんなタイトな中に、窓の外でユンボが方向転換する映像がオンエアされてる。そこ、使うかね？

太：あんなにパン焼くのに時間かかったのに。しかも、僕らのどっちも映ってない映像を何十秒と使うという。

ケ：あそこも、「これ、いる？」と思った人、１０人や２０人じゃないよ。

太：ユル過ぎてインパクトがある番組ですね。

ケ：『男子ごはん』のタイトルコールも、慣れちゃったもんね、残念ながら。俺、本当に料理家ですから。最初にスタッフから「フライパン持ったり、いつもの決めポーズとかあります？」と聞かれたんだけど、ねーよ（笑）！　そんなの決めてる料理家がいたら会ってみたいよ。あれ、悪ノリで言ったんだよね？

太：「男子、ごはん！」ね。とりあえず最初はその場のノリでやって。なんで２回目もやったんでしたっけ？

ケ：台本に書いてあった。

太：そっか。何も考えずに始めちゃって、何となく続けてますけどね。

ケ：そういうの（始まりの合図のようなもの）がないと、という気持ちはあるかな。そういえば今、うちの姪っ子があれに超ハマってるんだよ。４歳かな？　電話がかかってきて３分くらいずーっと「男子ごはん！　男子ごはん！」と言ってるんですよ。どうも俺に一緒にやれと促してる。もしかしたら元気に１回、一緒に言ったらそれで済んだのかもしれないけど、俺、その時公共の場にいたんですよ。あれって勢いが必要じゃないですか。（小声で）「男子、ごはん」じゃダメじゃないすか。だから期待に応えられなくて。電話口でずーっと言われ続けた末に泣かれちゃいました（笑）。

太：「やってくんなーい」って（笑）。かわいいっすねー。でも次のオンエアからやらなくなったら、いつも見てくれてる人は、何となく気持ち悪く感じるんですかね。普通のテンションで「じゃ、始めましょうか」って、どうなんだろ？　よくよく考えれば、あれがスイッチになってますね。

ケ：スイッチです、もはや。でもこうやってスレていくのかな？　前は恥ずかしかったことが、だんだんと平気になっていく…。

太：ちっともかっこいいことじゃないのに。だって今時、タイトルコール言って始まる番組って、なかなかないですよね。

ケ：確かにそうかも。

傑作メニュー、「お母ちゃんの舞い上がり」。

太：でも、作ってきた料理はどれも美味しかった。１年間で作った料理を振り返ったけど、どれが特に美味しかったかなんて決められないですもん。

ケ：俺もそこは悩むなぁ。

太：ローストチキンは半端なくうまかった。

ケ：太一くんのタコのサラダ（やってんじゃないの風サラダ）、美味しかったね。あと、国分家のひたし豆も美味しかった、正月スペシャルの。

太：カレイの煮つけもうまかった。初がつおのパスタもうまかったなー、肉じゃがもうまかったですし、ゴーヤチャンプルーうまかったんだよな。何度も色んなところで食べてるのに、すごく新鮮な気持ちで食えたんですよね。カニと豚のチゲは家でも作ったな。

ケ：『男子ごはん』と言いながら、俺はあんまり、男が作ることとか考えてないの。男女どっちが作っても、最終的に味はそんなに変わらないし、逆に女性が作りやすいようにって無理に考えることもないですし。「男が好きなメニュー」ってよくいうけど、必ずしも男がこってりしたものばかり食べたいわけじゃないだろうから、冷や汁を作ったりしますしね。そういう意味では、自分たちがあの場で作って食べたいものを優先してメニューを考えてますね。

太：僕もリクエストしますしね。冷や汁もそうでしたし、「グラタンってファミレスでしか食べたことがないけど、家ではどうやったら作れるんですか？」とか。でもやっぱり視聴率を見ると、カレーとかハンバーグとか王道メニューの視聴率が高いんですよね。王道、すげぇなと思う。

ケ：今さら聞けないけど、スタンダードこそ本当に美味しいものが作りたいって思うんじゃないのかな。

太：色んな雑誌や番組で紹介されているイメージがありますけどね。やっぱり王道が強いんですね。

ケ：スタンダードなものと、イベント性のあるちょっと新しいものと、織り交ぜてやっていこうと思うんですよ。どっちも、家にあるものでできる範囲で。でも企画のインパクトに走って辛かったのは夏のチゲだったな。企画寄りで出したアイディアだったんですよ。夏のチゲ、おもしろいんじゃないかって。ディレクター陣とも「あえて大汗かきながら食べるっていうのはイイっすよね。結果、涼しくなるし」って盛り上がって。で、やってみたら、食べる時に大汗かくんじゃなくて、作る段階ですでに大汗だった。会議の段階ではそれが想像しきれなかったんですよ。あれは失敗だった！

太：３０何度まで上がりませんでしたっけ？　室内が。

ケ：意識が朦朧《もうろう》としかかった（笑）。でも、できあがった鍋はびっくりするぐらい美味しかったんですよ、我ながら。暑いからなおさらうれしい、みたいなことを感じるくらいうまかったんですけど、人に作ってもらいたいと思った。自分で決めたメニューを、あんなにブツブツ言いながら作ったことはない。暑かったよねー。

太：メニューといえば「お母ちゃんの舞い上がり」もありましたね（笑）。

ケ：ありました（笑）。

太：「番組で、俺が小さい時から親しんできたおふくろの味を紹介したいんだけど」と母親に電話したら、ちょっと黙って「何日か、時間ちょうだい」って。あとから分かったんだけど、最初に『男子ごはん』で母親のレシピを紹介する、と言った時点から、こっちの話を全く聞いてなかった（笑）。４日後、もずくと鮭ときゅうりを使った全く新しいオリジナルレシピが出てきたんです。それが、「これ、１回も食ったことないじゃん、俺！」っていうメニュー。「子供の頃から親しんだ」を聞いてなかった。『男子ごはん』で、と聞いた時点で、頭に血がのぼっちゃって。

ケ：最初は「国分家、伝統の味を公開」っていう企画だったのに（笑）。

太：だからそのメニューの名前は、「お母ちゃんの舞い上がり」。

ケ：美味しかったよね。俺、大好きだったよ。

太：そんなふうに色々あった番組が本になるんですねー。ぶっちゃけ、料理番組をやってる以上は、料理本も意識して、という部分は僕は最初からありましたけどね。ケンタロウさんの本はどれも売れ行きがいいと聞いてますし？　これは乗っかっとかないとダメだろうと（笑）。

ケ：おやおや、そんな方向に来ました？　俺は太一くんにおんぶに抱っこさせてもらうつもりですよ？

太：いやいや。僕は今、何が楽しみって、（書店の）ヴィレッジ・ヴァンガードのリコメンドカードに何て書いてもらえるんだろうってことですから！

ケ：何それ（笑）。

太：ケンタロウさんの本、いつもすごいプッシュされてるじゃないですか。「ケンタロウを彼にできないなら、彼をケンタロウにしよう！」とかね。本が積まれてるところに書いてあって感動したんです。

ケ：何だかいつもよくしてもらってるんですよ。でも俺も、太一くんはアイドルだから、TOKIOのアイドルカレンダーとかと一緒に買ってもらえるのかなって期待してるよ。

太：TOKIO、もうカレンダー作ってないから（笑）。

ケ：え？　ほんと？　うわー、俺のもくろみ違いかー（笑）。

END...

大一 × ケンタロウ
スペシャル対談
TAICHI X KENTARO SPECIAL TALK

141

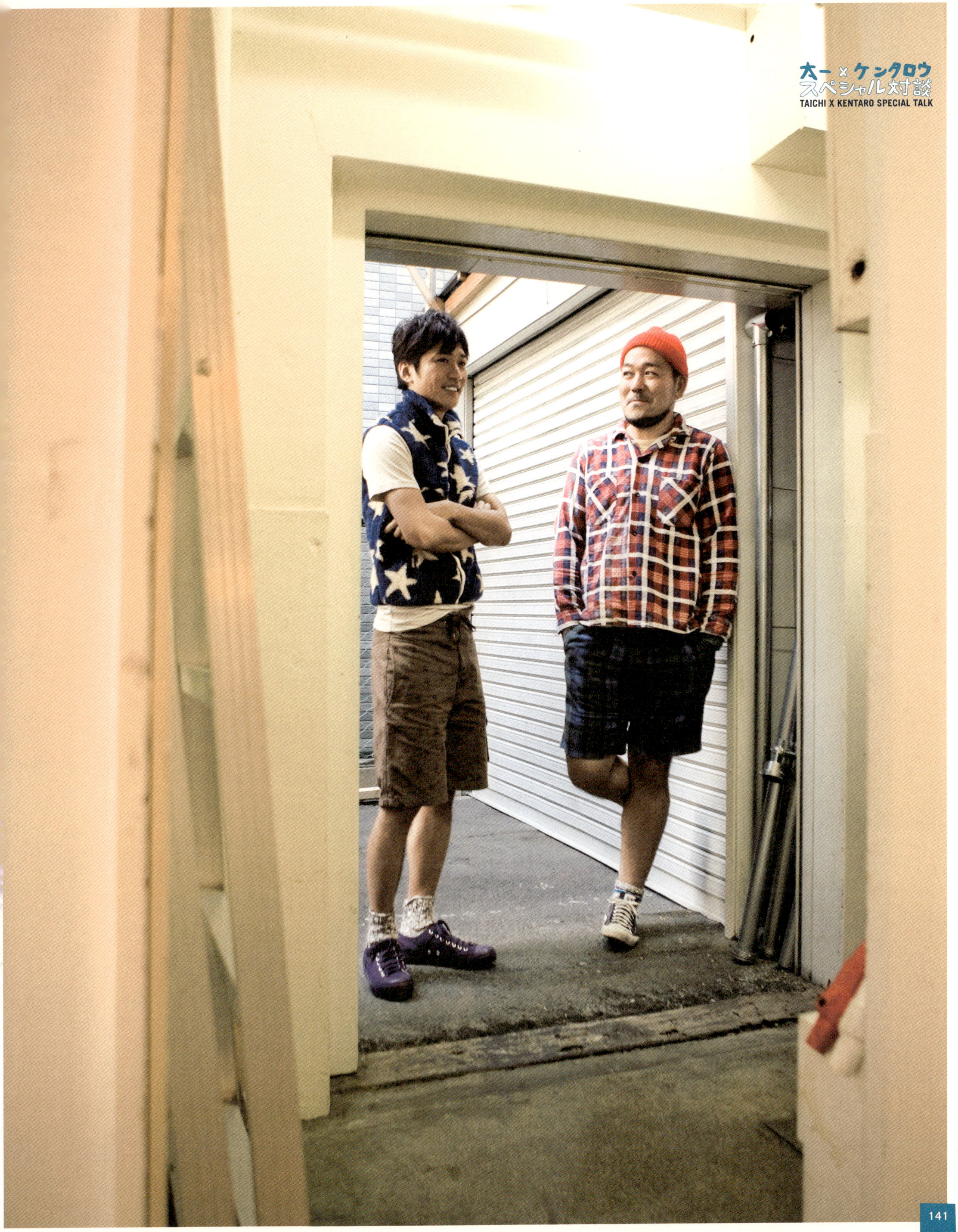

あとがきにかえて

国分太一

ケンタロウさんと番組を作るというチャンスをいただいた時は、それはそれは色んなことを考えました。こんなに最初からどっぷりと自分の番組を作ることは『男子ごはん』が初めてで、結構、必死でした。
一つだけはっきり決めていたのは、料理番組をやったことのないスタッフと料理番組を作る、ということ。僕も含め、皆がよく分からない状況からスタートする方がおもしろいんじゃないかと思ったんです。「それはこういうことですよ」と言うのはケンタロウさんだけでいいと思った。その結果、料理番組を作っている制作スタッフの方が見たら「何やってんの？」と思われることも出てくるかもしれないけど、そこが個性になればいいと思ったんです。どれが正解か分からない状況で始めたけど、どんな状況になっても失敗を笑えるようにしたかった。それが『男子ごはん』なんじゃないかなっていうのは、なんとなく感じてました。
ただ、自分の好きなことだけをやっている番組だとは思われたくなかった。でもこういうユルい番組って、そういうふうに見えがちなんですよね。だから、やりたいことを大好きな人たちと一緒にできるうれしさはすごく大きかったけど、同時に、ものすごい不安の中で始まったというのが本音です。
その番組がこうして１年続いたことは、ちょっと、いえ、とても感慨深いです。実際、あちこちでこの番組の感想を言われるようになりました。それは、いい意味でも悪い意味でも。いい意味では「楽しそうだね」「他にはない料理番組だね」。悪い方は「好き勝手やりすぎじゃない？」。見た人全員がいい、全員が悪いと思う番組なんてどこにもないから、色んな意見があっていい。でも「どうなの？」と言いながら結局見てくれているってことは、もしかしたら羨ましいと思ってくれているのかな、と。前向きな捉え方ですけど、それができるのは、好きなことをダラダラやってるだけじゃないという自覚が、番組をやりながらはっきりしてきたからです。
これからも続けていきたいのはもちろんで、そのためのキーワードって何だろうって時々ふと考えたりもするんですけど、ケンタロウさんに指摘されたように、僕はいつも物事を新鮮に捉えられるので、あまり無理に意識しなくても、まだまだ当分、楽しくやっていける自信はあります。だからケンタロウさん、スタッフの皆さん、これからもよろしく！（談）

ケンタロウ

もちろん自分も含めて、本当に皆で作ってきたという感覚が『男子ごはん』にはあります。作り上げた一番大きな物は、お互いの信頼関係かなー。テレビ業界では当たり前でも、俺から見たらいらないこと——それがなくても十分おもしろく見せられると思うとか、それによって他が薄まるのがイヤだとか——がテレビにはあるといつも思うんです。『男子ごはん』ではそういうことを、スタッフにも太一くんにも言える。これは1年一緒にやってきて色んな経験を共有して積み重ねた結果ですよね。
例えばある時、収録2日前に「三色丼を五色にしてほしい。三色じゃ弱いと思うから」と言われたことがある。それに対して「三色っていうのは考えられた結果だし、五色なんて現実味がない」とか「要素を増やしたら時間が足りなくなると思う」と、正面切って言える。それは前にパンを焼いた時、ものすごく時間が押して大変だった経験とかがあるからで、「パンを思い出そうよ」と。収録現場だけで番組を作っているわけではないし、お互い「これを言ったら相手は困るかな」という空気はもちろんあります。でも、それでも、思ったことは言ってみる。それができるのは、いまや“チーム男子ごはん”になっているから。俺が「そんなことやらない」とか、キツいことでもはっきり遠慮なく言えるのは、これからもこのチームでやっていく前提があるから。仲がいいから言える。そんな関係は、この1年の大きな収穫だと思います。そういうことを自分がはっきり言えるという意味では、『男子ごはん』は特殊な番組かもしれないですね。
太一くんとは趣味も合うし、いくらでも話していられるんだけど、ちょっとだけ緊張感が残っているというか。普通の言葉と敬語の間の感じ。それがいいと思うんですよ。俺の方が年上だけど、すっごく仲良くなって俺が「太一はさぁ」って言うような関係になったら、今の感じは出ないと思う。
俺は料理家で太一くんはテレビのプロなわけです。だからまぁほんとは俺は料理して説明して、太一くんは全体を進行して回していくってだけでいいんですけど、その中で、たまに太一くんが料理を紹介する側になったり、自分が太一くんのフリに反応して笑いを取りにいったり、そういう普通の料理番組の仕事にはない部分にもつい力入っちゃいます。笑い、ほしいですね（笑）。まぁしゃべりは基本的に太一くんに攻め込まれっぱなしですけど。なんかね、そのぐらいがちょうどいいと思うんですよ。突っ込まれてるぐらいが。ほんとに料理できんのー？って言われるぐらいの感じがね、最高にちょうどいい。これからもそんな感じでやっていきますよ。（談）

国分太一　こくぶんたいち

1974年生まれ。1994年、TOKIOとして『LOVE YOU ONLY』でデビュー。グループでは、キーボードを担当。音楽活動と同時に、ＴＶ、ラジオを中心に幅広いジャンルで活躍中。俳優としては、単独初主演映画『しゃべれども しゃべれども』で、第62回毎日映画コンクールにて男優主演賞を受賞。
本書では、料理写真の撮影を担当。

ケンタロウ

1972年生まれ。武蔵野美術大学在学中よりイラストレーターとして活動を始める。その後、料理家としてデビュー。料理は“簡単で美味しく洒落っ気があって現実的なもの”をモットーに、さまざまな層に向けてジャンルにこだわらずに展開。“作る楽しさと食べる楽しさ”を大切にしたレシピを提案している。
本書では、レシピ、料理スタイリング、メニュー題字を担当。

『太一×ケンタロウ　男子ごはん』番組スタッフ

制作／プロデューサー	松澤　潤
	山地孝英
	松原紀子
演出	掛水伸一
ディレクター	中野貴文
	福永勇樹
	伊達和輝
AP	橋本佳奈
AD	舩越美希
	韓　英花

構成／山内浩嗣・本松エリ・中野恵介

太一《たいち》×ケンタロウ　男子《だんし》ごはんの本《ほん》

国分太一《こくぶんたいち》
ケンタロウ

2009年4月20日　初版発行

発行人　天野由美子
発行所　株式会社M.Co.
〒150-0002　東京都渋谷区渋谷1-10-10ミヤマスタワー３F
TEL　03-3486-5888

発売元　株式会社角川グループパブリッシング
〒102-8177　東京都千代田区富士見2-13-3
TEL　03-3238-8521

印刷・製本所　大日本印刷株式会社

書籍スタッフ

アートディレクション＆デザイン	佐藤重雄（doodle＆design）
フードコーディネート	下条美緒（ケンタロウ事務所）
撮影	国分太一（料理）
	栗原　諭（カバー、P.125～141）
広報スチール	野本佳子
スタイリング（国分太一）	九
ヘアメイク	清水麻悠美（LILI）
インタビュー・文	徳永京子（P.76～77／P.130～143）
DTPワーク	Seek.
制作	小泉大志（角川マーケティング）
編集	西埜裕子、高橋麻衣（M.Co.）
	佐々木陽子（角川マーケティング）
編集協力	佐藤和佳子（music mind）
協力	テレビ東京
	ジーヤマ

Printed in Japan
ISBN 978-4-04-895048-0 C0076